戦場のメリークリスマス
Ryuichi Sakamoto
David Bowie
Nagisa Oshima
Takeshi
Tom Conti
●監督 大島 渚 ●製作 ジェレミー・トーマス
●脚本 大島 渚＋ポール・マイヤースバーグ ●原作 サー・ローレンス・ヴァン・デル・ポスト
●撮影監督 成島東一郎 ●美術監督 戸田重昌
●音楽 坂本龍一
何をしでかすか、
大島軍団！
新たなる感動を目指して
ゴー！
デビッド・ボウイ、坂本龍一、ビート・たけし、トム・コンティ、ジャック・トンプソン
内田裕也、三上 寛、ジョニー大倉、室田日出男、戸浦六宏、金田龍之介
大島 渚プロダクション、テレビ朝日、レコーデッド・ピクチャー、シネベンチャー提携作品
イーストマン カラー、ドルビー・ステレオ 松竹・富士映画共同配給
DOLBY STEREO
映倫

男たち　美しく。
Takeshi
David Bowie
Ryuichi Sakamoto
Tom Conti
A JEREMY THOMAS PRODUCTION / A NAGISA OSHIMA FILM
MERRY CHRISTMAS MR. LAWRENCE
■製作 ジェレミー・トーマス
■PRODUCER JEREMY THOMAS
■脚本 大島 渚＋ポール・マイヤースバーグ
■SCREENPLAY BY NAGISA OSHIMA, PAUL MAYERSBERG
■原作 サー・ローレンス・ヴァン・デル・ポスト〈影の獄にて〉思索社刊
■Based on the Novel "THE SEED AND THE SOWER" by SIR LAURENS VAN DER POST
■撮影監督 成島東一郎
■DIRECTOR OF PHOTOGRAPHY TOICHIRO NARUSHIMA
■美術監督 戸田重昌
■PRODUCTION DESIGNER JUSHO TODA
■音楽 坂本龍一
■MUSIC RYUICHI SAKAMOTO
■サントラ盤LP ロンドンレコード ■主題曲 ヴォーカル・ヴァージョン ビクターレコード
■デビッド・ボウイ
■DAVID BOWIE
■坂本龍一
■RYUICHI SAKAMOTO
■ビート・たけし
■TAKESHI
■トム・コンティ
■TOM CONTI
■ジャック・トンプソン
■JACK THOMPSON
■内田裕也
■YUYA UCHIDA
■三上 寛
■KAN MIKAMI
■ジョニー・大倉
■JOHNNY OHKURA
■室田日出男
■HIDEO MUROTA
■戸浦六宏
■ROKKO TOURA
■金田龍之介
■RYUNOSUKE KANEDA
■松竹・富士映画共同配給
■シネベンチャー・プロダクション、レコーデッド・ピクチャー・カンパニー 大島渚プロダクション、テレビ朝日、ブロードバンク・インベストメンツ・リミテッド提携作品
■イーストマンカラー／ドルビー・ステレオ
DOLBY STEREO
映倫
大島 渚監督作品
戦場の
メリークリスマス

JEREMY THOMAS PRODUCTION présente
UN FILM DE
NAGISA OSHIMA
俘虜
FURYO
"MERRY CHRISTMAS, Mr LAWRENCE"
DAVID BOWIE • TOM CONTI • RYUICHI SAKAMOTO • TAKESHI
JACK THOMPSON
Producteur associé JOYCE HERLIHY
producteurs exécutifs MASATO HARA - EIKO OSHIMA - GEOFFREY NETHERCOTT et TERRY CLINWOOD
musique RYUICHI SAKAMOTO
• scénario NAGISA OSHIMA avec PAUL MAYERSBERG d'après le roman de SIR LAURENS VAN DER POST
produit par JEREMY THOMAS • réalisé par NAGISA OSHIMA
filmé en DOLBY STEREO • COPYRIGHT NATIONAL FILM TRUSTEE COMPANY
distribué par AAA SOPROFILMS

"MERRY CHRISTMAS MR. LAWRENCE"
A JEREMY THOMAS PRODUCTION · A FILM BY NAGISA OSHIMA
"MERRY CHRISTMAS, MR LAWRENCE"
DAVID BOWIE
TOM CONTI · RYUICHI SAKAMOTO · TAKESHI
JACK THOMPSON
EXECUTIVE PRODUCERS
MASATO HARA · EIKO OSHIMA · GEOFFREY NETHERCOTT AND TERRY GLINWOOD
ASSOCIATE PRODUCER JOYCE HERLIHY MUSIC RYUICHI SAKAMOTO
SCREENPLAY NAGISA OSHIMA WITH PAUL MAYERSBERG
BASED ON THE NOVEL BY SIR LAURENS VAN DER POST
PRODUCER JEREMY THOMAS · DIRECTOR NAGISA OSHIMA
DOLBY STEREO

『戦場のメリークリスマス』知られざる真実

『戦場のメリークリスマス30年目の真実』完全保存版

WOWOW「ノンフィクションW」取材班／吉村栄一

TOKYO NEWS BOOKS

はじめに

戦局いまだ定かではない1942年、ジャワ（現インドネシア）の日本軍俘虜収容所で、非日常を終わりがない日常として過ごしている日本軍人、軍属、そして連合国俘虜たち。彼らのさまざまな対立から生じていく誤解と和解。思索的なテーマを扱いながらも、デヴィッド・ボウイ、ビートたけし、坂本龍一ら時代の顔とも言える異色かつ豪華な配役と美しい映像、音楽で、世界的な脚光を浴びた1983年の大島渚監督の異色作『戦場のメリークリスマス』。

本書、『戦場のメリークリスマス　知られざる真実』は、2014年1月にWOWOWで放送されたドキュメンタリー番組『ノンフィクションW「戦場のメリークリスマス」30年目の真実～異色の大島渚映画が蒔いた種～』を書籍化した同名本（2015年刊）をアップグレードした完全版です。

当該本『戦場のメリークリスマス　30年目の真実』はもともと、番組制作の際に行われた関係者への聞き取り調査がそれぞれ長時間に渡る膨大な量のものであることを知った私たち書籍制作チームが、番組では時間の関係で割愛された部分にも大きな歴史的価値があるので、まずはその全長版を出版しようという企画でした。

『戦場のメリークリスマス』の製作における秘話、真実を関係者の証言によって明らかにするという番組の構成を踏襲した上で、新たに英国側プロデューサーのジェレミー・トーマス氏、主演俳優のひとりであるトム・コンティ氏にインタビューを行ったうえで坂本龍一氏にも追加取材。また、大島渚プロダクションのご厚意で本のための資料の再リサーチを行い、これまで世に出ることがなかった大量の資料を発見しました。大島監督が『戦場のメリークリスマス』という映画にかけた尋常ではない情熱を裏付ける、綿密で徹底的なそれら資料類をできるだけ織り込んでいます。そして映画の最初期の脚本から撮影に実際に使用された決定稿の脚本の比較をすることで、最初のアイデアの段階から完成に至るまでの映画の成長の姿も追っています。

こうして完成した『戦場のメリークリスマス　30年目の真実』はおかげさまでご高評をたまわり、坂本龍一氏からは「この本おもしろすぎる！」という帯文も寄せていただきました。しかし発売後まもなく完売した本は、その後長く絶版状態が続いていました。オークションなどで信じられない高額がつくという状況に心を痛めてもいました。

２０２１年、『戦場のメリークリスマス』が４Ｋ修復されて全国ロードショー公開となりました。公開館はどこも盛況で、驚いたのは若い観客がとても多かったことでした。

その若い、熱量の高い若者たちに『戦場のメリークリスマス』という不思議な、しかし稀代の映画がどのように企画され、奇跡を成し遂げながら完成に至ったのかをぜひ知ってほしい。そんな思いがかつての本をアップグレードした完全版である『戦場のメリークリスマス　知られざる真実』の刊行につながりました。

新たにピーター・バラカン氏、大島新氏のインタビュー取材を行い、いくつかの記事も改稿しています。また、大島渚監督と『戦場のメリークリスマス』以外の作品も紹介するフィルモグラフィーや、主演以外の俳優たちのプロフィールやその後を簡単に記した記事も加えています。

旧版刊行後に内田裕也氏、デヴィッド・ボウイ氏らが鬼籍に入っています。『戦場のメリークリスマス』での、若くエネルギッシュな姿は永遠に私たちの記憶に残るでしょう。

大島監督自身による綿密な調査資料によって、これまで「フィクションであるためのオーバーな演出では？」と思われていたかもしれない『戦場のメリークリスマス』各場面のさまざまな描写が、戦時中の日本の俘虜収容所で従軍経験者や元俘虜たちが実際に目にし、体験した現実であることを旧版、そして本書の刊行で新たに残せたことも、映画製作時よりもさらに第二次世界大戦の記憶が遠くなっていくこれからの日本で意義あることだとも思っています。

２０２１年12月　『戦場のメリークリスマス　知られざる真実』書籍制作チーム　吉村栄一

目次

第一章　序

映画『戦場のメリークリスマス』のすべての始まりは、1978年の大島渚と一冊の本との出会いからだった。

その本は、南アフリカ出身の英国人作家、サー・ローレンス・ヴァン・デル・ポストの『A Bar of Shadow : novella』という1954年に本国で刊行された小説で、78年に日本で『影の獄にて』という邦題で発売されたばかりのもの。

第二次大戦中の南の島の俘虜収容所における旧日本軍人と連合国軍人たちの対立と理解を描いたこの作品を読んだ大島渚は、即座に映画化を決めたという。

1979年に入ると、大島渚はさっそくヴァン・デル・ポストにコンタクトを取り、来日した彼と会って映画化の許諾を得た。この映画化のプランにはヴァン・デル・ポストも非常に乗り気で、以降、両者は映画監督と原作者という枠を超えた親密な関係を保って映画化の道のりを共に歩むことになる。

小説の映画化に当たって、大島渚はまず、知人、友人、親族を巻き込む。

大島渚の姪であり、映画の製作助手を務めた臼井久仁子は言う。

臼井久仁子　**この映画にかかわった最初のきっかけは、叔父である大島渚からヴァン・**

デル・ポストさんという作家が来日するから通訳をお願いしたいと頼まれたことです。

ヴァン・デル・ポストさんが日本にいらして、大島といろいろ会合を持ち、そこで通訳を務めました。それがそのまま映画製作のほうまで手伝うことになっていったんです。最初は通訳をしながら、あの難しい小説をどうやって映画にするのかしらって思っていたのですが…。

お会いしたヴァン・デル・ポストさんは物静かで知的な素晴らしい方でした。大島ともすぐ意気投合して、日本から帰られた後も手紙のやりとりが続いていきました。その手紙も作家らしく、本当に美しい文章で、大島の返事を代筆する身としては感心するばかりでした。

その当時のお手紙では、よく、ヴァン・デル・ポストさんは日本が大好きで、日本の監督が自分の小説を映画化してくれることに感謝しているということが書かれていました。それに対して大島は日本語で返事をしゃべり、口述筆記という形で私が英語の手紙して返事を出しました。

このやり方はその後のジェレミー・トーマスらとのやりとりでも同様です。


大島渚と個人的な親交があった、ゴダール作品の日本への紹介でも知られる著名な映画評論家の秦早穂子とはまずパリで会って相談を重ねた。

秦早穂子　大島監督と初めて会ったのは1978年。彼が『愛の亡霊』でカンヌ映画祭に来たときに、カンヌの私の定宿のホテルに泊まって、夜中まで一緒に飲んだときでした。
彼の映画はもともと知っていて、『愛のコリーダ』もカンヌで観て、すごく多面性のある映画監督だと思っていました。

それからしばらくしたら彼から手紙が来て、ヴァン・デル・ポストの小説を映画化したいが、どう思うだろうという内容でした。私はその小説を知らなかったのですぐに読んで「感動しました。でもこの長い三部構成の小説をどう映画化するのですか?」というお返事を書いたんです。そうしたら、原作通りの三部作をまとめた映画にしたいということで、私はそれは難しいのじゃないかなあと思った記憶があります。

しかし、秦の懸念どおり、『影の獄にて』の映画化の企画は難航した。

主役のひとりセリアズにハリウッド・スターのロバート・レッドフォードをという提案は、動物保護運動でレッドフォードとかかわりを持っていたヴァン・デル・ポストからの提案だった。

レッドフォードは、とりあえず脚本を読んでから出演の判断をするということではあったが、レッドフォード出演予定の企画という謳い文句であっても、映画化に手を貸そうとするスポンサーは名乗りをあげてこなかった。

やはり、原作の持つ思索の深さ、単純ではないストーリーから観客動員を望める映画ではないという判断をされたのだ。

そのような中、大島はめげずに脚本執筆を続け、1979年の8月にはついに第一稿を書き上げた。

タイトルは小説どおりの『影の獄にて The Seed and the Sower』となっている。この第一稿の脚本は、主役であるローレンスの一人称の視点で描かれる不思議な構成だ。

脚本の最初のページにも、そのことについての断り書きがある。

註

一、「わたし」という映画脚本としては異例

の登場人物があるのは、勝手な名前をつけて原作の格調をそこなうことを怖れたためであり、いずれ原作者と相談の上、適当な名前をつける予定である。

この第一稿でのストーリーは、後に完成した映画とは大きく異なっており、原作に近い。冒頭はマレーの山中でのセリアズ（ここではまだセリエという役名になっている）の日本軍への投降シーンから始まる。

セリエは南アフリカの出身であり、弟をはじめとする農園での家族との追想シーンが映画の中でより大きな比重を締めている。

ラスト・シーンはセリエの遺髪を持ち帰ってきたヨノイが郷里の神社でそれを詩とともに奉納するという場面で終る。

この第一稿では後に北野武が演じるハラ軍曹は登場しないことも驚きだ。

この第一稿の執筆と並行して、大島は本作のための『映画企画書』も作っている。全16ページのこの企画書には、この映画が次のような作品であることがはっきりと宣言されている（冒頭の数字は企画書内の章と章内の項目の番号）。

二-三、日本映画としては「超大作」として配収十億円以上を目指し、同時にイングリッシュ・スポークン・フィルム（英語映画）として国際市場を目指します。

二-四、ただし国際的には超大作ではありません。世界に通用するには、あくまで質の高い異色作であることが必要です。

大島にとっては、最初からこの映画が国際的な作品であることは当然で、このことは最後までぶれなかった。そして製作体制についても冷静に計算をしている。長年、自身で調達した資本で映画を製作してきた大島の、プロデューサーとしての視線がはっきりと見てとれる。

三-一、製作費総額を八億円と予定しています。ただし外国人スターのギャランティによっては減額はありえます。

三-二、製作は、映画製作会社、洋画配給会社、テレビ会社の三社の共同出資による共同製作が最良の形態であると考えます。単に資金の共同だけではなく、三社の経験と特徴が十分生かされることによって圧倒的な成果が期待されるからです。

大島はこの時代のテレビでの宣伝の役割の大きさをはっきりと自覚しており、強力なテレビのスポット広告の威力なしでは映画の興行は成り立たないとわかっていた。だからこそテレビ局を仲間にひっぱりこみ、出資させることを当初から決めていた。

さらにこの企画書では、映画の製作を１９８０年1月から開始し、同年7月には撮影をスタート、１９８１年2月には完成してその年のカンヌ映画祭に出品するというスケジュールも記載されている。

しかし、本作の製作はまだまだ難航し、紆余曲折を経ることになってしまった。

映画企画書
㈱大島渚プロダクション

第二章　走

映画の実現のために奔走している間も、大島は脚本の改稿に余念がなかった。

翌1980年、映画の第二稿が完成する。1月の終りだった。

この第二稿では、タイトルは『戦場のメリークリスマス（仮題）』と改められ、ついに重要な登場人物としてハラ軍曹が登場する。

全108ページだった第一稿から倍近い199ページまで内容は膨らみ、全体の構成も後の完成版の『戦場のメリークリスマス』にほぼ近い内容となっている。

この稿では実際の映画では台詞だけで説明されたローレンス（この第二稿ではロレンスと記されている）と女性との追想シーンが映像としてあり、それがセリアズの弟との追憶シーンと対になっている構成が目を惹く。

また、かつてセリアズが赴任した地という設定でパレスチナの戦場でのシーンが加わり、セリエの見る幻想の中で、キリストやその使途たちが登場するなど宗教的な場面が追加されている。

ラスト・シーンは完成版の映画のとおりで、ハラ軍曹の「メリークリスマス」で終るが、ローレンスとのやりとりでヨノイのその後は言及されず、生死は不明のまま終っている。

この映画の第二稿の完成を持って、いよいよ映画製作の実現のために多くの関係者が奔走していくことになった。

秦早穂子は当時をこう振り返る。

秦早穂子　1980年のお正月だったかな。大島さんがうちでやっているパーティーにいらして、実はあの小説の映画化を決めたから、あなたにプロデューサーをやってほしいと言われて。もちろん、プロデューサーなんてできるわけがないから即座にお断りしましたけど、なにか縁ができて、その後は折りに触れて映画にかかわるようになっていきました。

大島プロに行ってキャスティングの会議に出たこともあります。そのときはヨノイは高倉健で、セリアズはロバート・レッドフォード、ハラは緒形拳という線で進んでいた記憶があります。

スポーツ新聞に「大島渚の次回作はロバート・レッドフォード主演！」というリーク記事が乗ったのもこの頃だ。

実際、この時期に大島はニューヨークに飛んで、レッドフォードに出演を依頼していた。

同行していた臼井久仁子の証言。

臼井久仁子　ロバート・レッドフォードさんは、もともとヴァン・デル・ポストさんの紹介でした。ふたりは動物保護関係の運動で一緒になって知り合って友人になったとか。それでヴァン・デル・ポストさんのほうから、セリアズ役にはレッドフォードさんがいいんじゃないかと紹介されたんです。

当時ちょうど『愛のコリーダ』がアメリカで上映されていたので、それにかこつけてお金もちょっとだけ『愛のコリーダ』関係にサポートしてもらって、ニューヨークまで会いに行きました。

ところが会って脚本を渡したところ、「これはとてもいい映画なんだけど、アメリカの観客には受けないだろう」と言うんです。「アメリカの観客は映画が始まって最初の15分でそれがどういう映画か理解できなければもう観ない。この脚本では最初の15分でどういう映画かわからない。この映画には、ぼくは出るわけにはいかない。ミスター大島は尊敬しているけど、それが答えだ」って。気さくでいい人だったのですが、そこは譲らなかったんです。ふたりでとてもフランクに話し合って、そういう結論になりました。

興味深いのは、そんなレッドフォードさんがいまではサンダンス映画祭を主催して独立系の映画を応援しているってことですよね。アンチ・ハリウッドの立場になっている。


レッドフォードに断られはしたものの、大島はめげなかった。

なにより、レッドフォード出演という可能性を持ってしても資金調達や配給の目処が立っていなかったので、事態は変わらないといえば変わらなかった。

関係各所に製作の支援を要請しながら、大島は脚本のさらなる完成と、そのためのリサーチに余念のない日々を過ごすことになった。

3月には脚本の第三稿が完成。全体のアウトラインはほぼ第二稿のままだが、ラストのハラとローレンスのシーンで、ヨノイの死が明らかにされるエピソードが加わっている。

まず、ローレンスがハラに対してセリアズという将校の死を憶えているかを訊ね、ハラは「時々、夢に見ます」と応える。

ロレンス「アナタハ知ラナイガ、アノ人ガ死

ンダノハ、アノ人ノ弟ガアフリカデ植エタタネヲ、ジャワノ土地ニマクタメダツタノデス。ソシテ、ヨノイ隊長ハアノ人ノマイタタネヲ日本へ持ツテ帰ツテマクツモリデシタ。残念ナガラ、ヨノイ隊長ハーー」

ハラ「処刑されたのですか」

ロレンス「(うなづいて) **裁判ノ時、私ハ会イマシタ。私ハヨノイ隊長ガアノ人ノ頭カラ切リ取ツタ金髪ヲアズカリマシタ。ヨノイ隊長ハ、フルサトノ神社ニソレヲ祭ルツモリダツタノデス。私ハイツカ日本へ行ツテ、約束ヲ果シマス」**

というシークエンスが挿入された。

5月はじめには資金調達のあてもないまま、大島はインドネシアとフィリピンにロケハンに赴く。しかし、当時のインドネシアが独裁国家で政情が不安定だったことと、フィリピンでは映画撮影に必要なインフラが未発達だったことで、手応えのないまま帰国。

帰国した大島は5月の中旬から7月にかけて、映画の舞台となるジャワや南方に駐留した元日本兵や従軍者たちと積極的に面会し、当時の事情や日本軍とその俘虜収容所の実態に関しての聞き取り調査をして、シナリオの肉付けをしていった。

当時まだ看護婦として現役だった、俘虜収容所で日本軍の従軍看護婦だった人物からは、俘虜収容所における医療体制を、食事のメニューから注射器の形状に至るまで詳細に聞き取りをしている。この中では、捕虜収容所にはパン焼き窯はあったものの、イースト菌が入手できなかったので、生物学者が空気中からイースト菌を採集してジャガイモのでんぷんで培養した、などの話も出ている。映画に直接生かされはしなかったが、俘虜収容所の日常生活を生き生きと想起させる肉付けの材料にはなっただろう。

戦時中にシンガポールの拘禁所に勤務した元憲

兵や法務官からは、当時の軍の拘禁所の様子を子細に聞き取りをしている。

　建物の構造から職員の人数や位階、囚人の待遇まで様々な事項を聞き出し、映画冒頭の裁判シーンのリアリティに大きく寄与することになった。

　とくに法廷における裁判官から検察、被告、通訳などの位置関係や言葉遣いなどは、そのまま映画に生かされている。

「防諜上、門には〝第○○拘禁所〟と記した表札はなかった。もし映画でどうしても必要ならば〝治集団拘禁所〟とするか、部隊長の名前で表示すべきだろう。シンガポールでは〝陸軍刑務所〟としていた。門に哨兵は立たず、単に受付であった」

「拘禁所は軍律裁判の機関であり、憲兵はいず全員法務であった。つまり軍律裁判は憲兵隊が取り調べた者の内、起訴する必要がある者について裁く機関である。軍法会議…軍人、軍属など日本人を対象。軍律会議…外国人を対象として軍律を適用した」

「裁判官は3人で、裁判長及び陪席の一人が軍将校であり、陪席の一人が法務であった。裁判長は佐官クラス。陪席は尉官であった。（中略）全員銃は持たず軍刀を所持した」

「被告は看守2名によって法廷に連行され、手錠を入廷の際にはずされた。判決が下りるまで、被告の階級章等ははずされていない」

　などなど、映画を観直すと、これらの取材がセットや小道具、演出に見事に生かされていることがわかる。

　一方、演出上の効果を狙って、あえて史実を無視することもあった。セリアズの（模擬）銃殺シーンだ。

　証言によると、ジャワでの軍律裁判で死刑を宣告された被告は、映画のように拘禁所内ではなく、ジャカルタ郊外の刑場に連行されて、そこで銃殺刑になったという証言も記録に残っている。また、銃殺のための射手もひとりのみだったとのこと。また、アメリカ軍から鹵獲したジープや馬なども収容所では見たことがないとあるが、映画では両方とも用意された。

そうしたいわば事務的なシステムについての聞き取りとちがい、いま残る記録を読むと心が重くなるのは当時の日本兵、憲兵による俘虜の扱い方だ。

たとえば憲兵による俘虜に対する拷問方法の詳細など、実際に見聞き、あるいは行った人物が証言しているのだから生々しい。

ここでは詳述することを控えるが、江戸時代の牢内の拷問と変わらないような陰惨なやり方を聞き取りしていたときの大島らスタッフの気持ちはいかばかりだったろうと想像せざるを得ない。

1980年は戦後35年。まだまだ戦時がリアリティを持っていた時代だ。

そして、ここにはおそらく映画のテーマに大きく関与することになるいくつもの証言もある。東洋である日本と西洋の価値観のすれちがい、摩擦がまさに俘虜収容所で起こっていたという不幸な証言がいくつも聞き取りされている。

いくつか紹介したい。

「日本軍の水準からすると、連合軍の俘虜はみな規律も態度もひどい。そうした態度の悪い者をいちいち営倉に入れるのではなく、ビンタ一発で水に流して許してやるというのが日本の温情だった。しかし後に裁判の結果で営倉に入れられることは俘虜の誇りが保てるのに対し、ビンタは虐待であると戦犯となった」

「俘虜は顔を殴られることに最大の侮辱を感じていた」

「俘虜一人の失敗を俘虜全体の共同責任とみなし、何日か水を与えないでいたり、断食をさせたりした。俘虜を生き埋めにしたこともある」

「日本が敗色濃厚になってきて、玉砕の情報などが耳に入ってくると、さすがにこちらも人間ですから、自分の仲間が目の前にいる連合軍兵士の仲間に殺されているという思いに敵愾心が涌いてくるのを押さえられず、手荒い扱いになったこともある」

「日本軍の戦陣訓からすると、当然自決すべきなのに俘虜になっている人間という見方はあった」

「俘虜たちは日本および日本軍のことを決してジャパン、ジャパニーズとは呼ばなかった。それらは日本を侮蔑した呼び方ということで、ニッポン、ニッポニーズと呼んだ。中には〝Our host〟という呼び方をする者もいた」

また、映画ではジョニー大倉演じる朝鮮人軍属の役柄が印象的だったが、当時の朝鮮人軍属の待遇などについても大島は詳細な聞き取りを行っている。証言者は実際に朝鮮人軍属として従軍した人物、日本の将官の側近だった人たちだ。

「ジャワの収容所では、所長と下士官を除くほとんどが朝鮮人軍属であった。彼らは朝鮮の南三道から〝捕虜監視要員募集〟という名目で集められた20歳を基準とした男3000名であった。(中略)当初の約束では二年間の勤務のはずであったが、二年経っても帰してもらえなかった。日本軍にだまされたと感じていた」

「軍属は〝勤務隊〟と呼ばれ、最下級の日本兵として扱われた。眠っていれば〝豚のように眠るな!〟と殴られ、日誌を奇麗な字で書けば〝丁寧に書く暇があったら軍人勅諭を読んで憶えろ!〟と怒鳴られた。要するに軍属は何をしても日本兵にいじめられた。その屈辱感のためヒステリックに俘虜に暴力を加える者もいた」

「軍属には国際法が知らされていなかった。そのために、たとえば俘虜といえども階級が下の日本軍の兵士に敬礼をする義務はないという法を知らず、敬礼をしなかった捕虜をビンタして体罰を加え、戦後、戦犯として裁かれる原因になった」

「Kという通名を名乗っていた朝鮮人軍属は(残虐なことで知られていた)M軍曹の通訳だったため、氏が収用されていた刑務所では看守たちが復讐のためにK氏を探し回ったが、朝鮮名のLを名乗っていたため発見されずにすんだ。もし発見されていたらまちがいなく殺されていただろう」

ここに名前が出ているM軍曹は、ある島の俘虜収容所の下士官で、ハラ軍曹の人物造形に大きく影響を与えたと思われる日本兵だ。

「中国戦線で勲章をもらって転戦してきた、見るからに勇ましい、生粋の兵士という感じの人だった。身ぎれいな格好をし、将校クラスの長靴を履き、革のベルトに本物の日本刀を軍刀として差していた」

「いつも竹の杖（じょう）を持ち歩き、バンブーMと呼ばれた。収容所内では我が物顔で上級将校の命令も半分ぐらい無視して好きなようにやっていた。自分専用の宿舎を収容所内に作り、その前にはM専用のバナナの木もあった」

「生家は貧しく、幼い頃から牛乳配達などで生活を支えてきた。その育ちのせいかとても厳しい性格の人だった。そして、俘虜の所持品に自分の気に入ったものがあると平気で取りあげて自分のものにしていた。とくに時計をいくつも収集していた」

「俘虜たちが娯楽でオスカー・ワイルドの『真面目が肝心』という演劇を上演したときに、その内容に興味を持って俘虜に説明させた」

「教育を受けておらず、自分の名前も上手にかけない人。内地の奥さんに出す手紙も、夜通し書いても書き上げられず、字の上手な朝鮮人軍属に代筆させていた」

これらと並行して大島は原作者のヴァン・デル・ポストからも、連合軍俘虜としての立場での証言を詳細に聞き取りをしている。それらの多くは映画の各シーンの描写によく生かされている。

こうした日本兵と軍属側、連合国側の証言はこの項で紹介したもの以外にも膨大に残されており、それらは単なるいち映画の資料としてのみならず、第二次大戦の日本軍と俘虜の関係についての歴史的な資料でもある。

そうした数多くの証言の中で、とくに映画に大きな影響を与えたと思われる簡潔な言葉がある。

これは日本、連合軍の両方から、似たようなニュアンスで証言されてもいる言葉だ。

「ジャワでは季節感がないので、毎日毎日同じ日の連続だった」

南国の島で繰り返される「非日常」の日常。収容所という社会とは隔絶された空間の中で膨らんでいく狂気。まさに『戦場のメリークリスマス』という映画の舞台を想起させる言葉だろう。

聞き取り取材と並行して進められていた脚本は6月の初めに第四稿が完成。

ここではカネモトと絡むオランダ軍俘虜の名前が映画で使用された「デ・ヨン」に変更されているという細かい変更点のほか、ラストのハラとローレンスとの会話ではヨノイは死刑とならず、4年の刑ですんだことに再変更されている。

ロレンス「ヨノイ隊長ハ、生キ埋メニナッタアノ人ノ頭カラ金髪ヲヒトフサ切リ取ッタノデス。彼ハ裁判デ四年ノ刑ヲ受ケマシタガ、日本へ帰ッタラキットソレヲフルサトノ神社ニ祭ルノダト、私ニ言イマシタ」

そして、日本の神社でヨノイが遺髪を奉納するシーンで映画が終わるという構成も復活している。

映画のディテールは着々と固められていったが、キャスティングはもちろん、資金調達の目処も立たないまま、1980年は終わりに近づいていった。

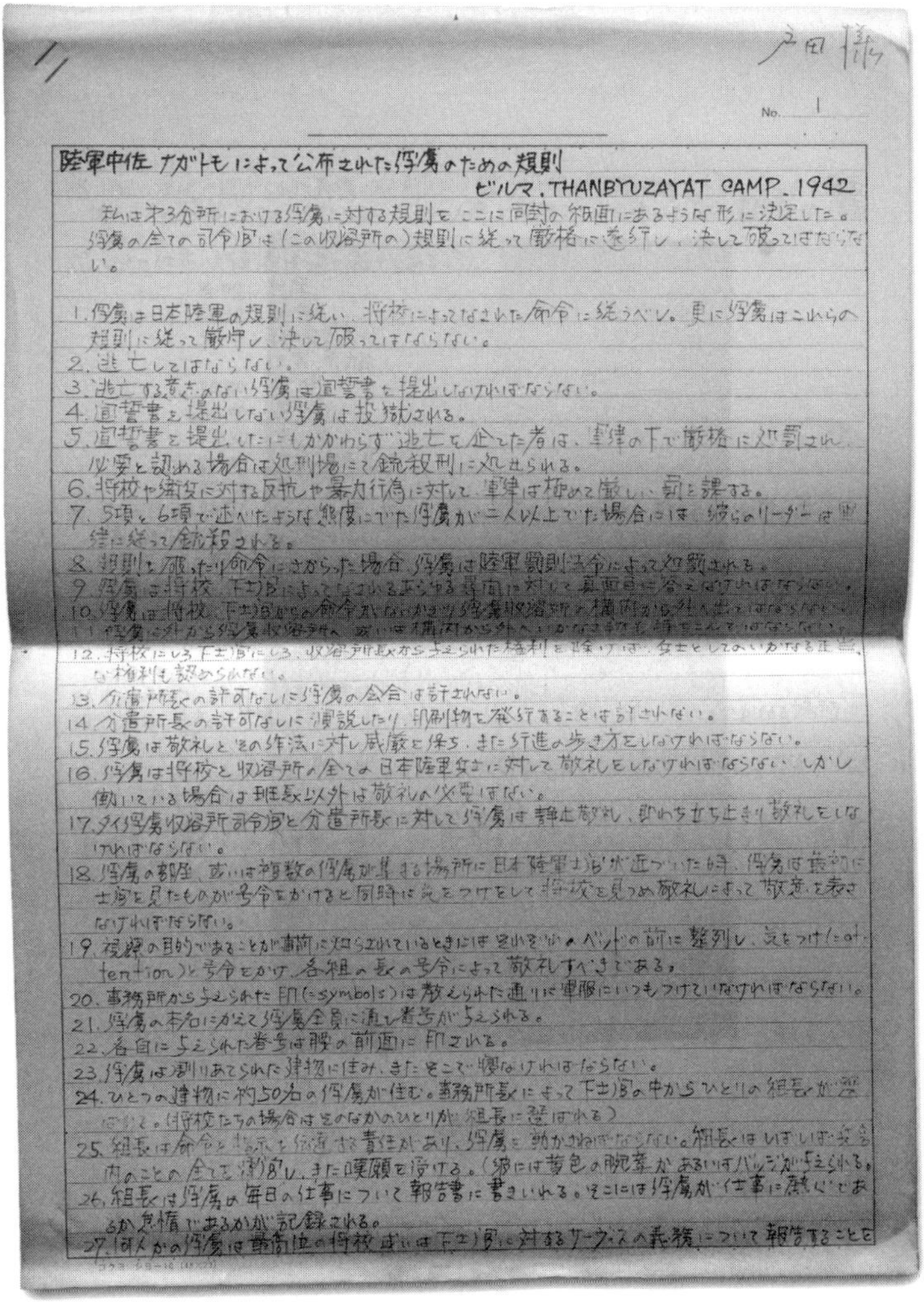
戸田

No. 1

陸軍中佐ナガトモによって公布された俘虜のための規則

ビルマ.THANBYUZAYAT CAMP.1942

私は第3分所における俘虜に対する規則をここに同封の紙面にあるような形に決定した。俘虜の全ての司令官は(この収容所の)規則に従って厳格に遂行し、決して破ってはならない。

1.俘虜は日本陸軍の規則に従い、将校によってなされた命令に従うべし。更に俘虜はこれらの規則に従って厳守し、決して破ってはならない。
2.逃亡してはならない。
3.逃亡する意志のない俘虜は宣誓書を提出しなければならない。
4.宣誓書を提出しない俘虜は投獄される。
5.宣誓書を提出したにもかかわらず逃亡を企てた者は、軍律の下で厳格に処罰され、必要と認める場合は処刑場にて銃殺刑に処せられる。
6.将校や衛兵に対する反抗や暴力行為に対して、軍律は極めて厳しい罰を課する。
7.5項と6項で述べたような態度にでた俘虜が二人以上でた場合には、彼らのリーダーは軍律に従って銃殺される。
8.規則を破ったり命令にさからった場合、俘虜は陸軍懲罰法令によって処罰される。
9.俘虜は将校、下士官によってなされるあらゆる質問に対して真面目に答えなければならない。
10.俘虜は将校、下士官からの命令がないかぎり俘虜収容所の構内から外へ出てはならない。
11.俘虜は外から俘虜収容所へ、或いは構内から外へいかなる物を [illegible] してはならない。
12.将校にしろ下士官にしろ、収容所長から与えられた権利を除けば、兵士としていかなる正当な権利も認められない。
13.分遣所長の許可なしに俘虜の会合は許されない。
14.分遣所長の許可なしに演説したり、印刷物を発行することは許されない。
15.俘虜は敬礼とその作法に対し威厳を保ち、また行進の歩き方をしなければならない。
16.俘虜は将校と収容所の全ての日本陸軍兵士に対して敬礼をしなければならない。しかし働いている場合は班長以外は敬礼の必要はない。
17.タイ俘虜収容所司令官と分遣所長に対して俘虜は静止敬礼、即ち立ち止まり敬礼をしなければならない。
18.俘虜の部屋、或いは複数の俘虜が集まる場所に日本陸軍士官が近づいた時、俘虜は最初に士官を見たものが号令をかけると同時に気をつけをして将校を見つめ敬礼によって敬意を表さなければならない。
19.視察の目的であることが事前に知らされているときには彼らは各々ベッドの前に整列し、気をつけ(=attention)と号令をかけ、各組の長の号令によって敬礼すべきである。
20.事務所から与えられた印(=symbols)は教えられた通りに軍服にいつもつけていなければならない。
21.俘虜の本名にかえて俘虜全員に通し番号が与えられる。
22.各自に与えられた番号は服の前面に印される。
23.俘虜は割りあてられた建物に住み、またそこで寝なければならない。
24.ひとつの建物に約50名の俘虜が住む。事務所長によって下士官の中からひとりの組長が選ばれる。(将校たちの場合はそのなかのひとりが組長に選ばれる)
25.組長は命令と指示を伝達する責任があり、俘虜を動かさねばならない。組長はしばしば兵舎内のことの全てを説明し、また嘆願を受ける。(彼には黄色の腕章かあるいはバッジが与えられる。
26.組長は俘虜の毎日の仕事について報告書に書きいれる。そこには俘虜が仕事に熱心であるか怠惰であるかが記録される。
27.何人かの俘虜は最高位の将校或いは下士官に対するサーヴィスの義務について報告することを

第三章　転

1980年の終わり、映画『戦場のメリークリスマス』の先行きについて決定的な転機が訪れた。映画製作の進捗がないまま、大島は旧知の間柄であったヘラルド映画の原正人を訪ねている。映画『戦場のメリークリスマス』への全面的な支援を要請するためだった。

原正人　1980年の後半に最初に大島さんがこの映画について相談に来られて、シナリオを読ませてもらったときは「これは難しいな」と思いました。おそらく、ぼくのところに来たのも、その前に大手の会社と話をしていい結果にならなかったからなんじゃないかな。

あの題材では一般向けの映画にならないんじゃないかという不安もあるし、製作費もかかりそう。

当初は八億円ぐらいのバジェットで考えていたのかな。キャストの予定にロバート・レッドフォードという大スターはいたけれども、これは実現は難しいだろうと思いました。

ぼくは大島さんと同世代だし、面識もある。だけど一緒に仕事をしようとは考えたこともなかった。ぼくが歩んできた映画人生、スタイルと大島さんのそれはまったくちがうものです。社会に対して妥協なく鋭く切り込む大島さんのスタイルをすごいなあ、と思っていつもみていました。それに対してぼくは、やっぱりどこかで妥協してもいかにして映画を観客に届けるかということをいつも考えてきた。

大島さんは、ぼくのところに来て、誰か外国のパートナーを探してくれないかという相談をされたんです。当時ぼくはヘラルド映画にいたのですが、この会社のロンドン駐在員に吉崎さんという女性がいて、彼女にそれを依頼したんです。大島さんのこういう作品に協力する人が誰かいないか、と。

すると、そこで出てきた名前がジェレミー・トーマス。彼はまだ三十歳ちょっとだけど、大島映画のファンで、とても興味があると。

ぼくとしては大島さんと海外を結びつけて、ああお手伝いできてよかったな、あとはいい結果になるといいなぐらいの気持ちでした。

ジェレミー・トーマスは1949年生まれの英国の映画プロデューサーで、当時は30代そこそこでも、ニコラス・ローグを初めとする。いくつかの映画のプロデューサーを成功させていた。ニコラス・ローグは、デヴィッド・ボウイの初主演映画『地球に落ちてきた男』（1976）の監督でもあり、ジェレミー・トーマスはそこにもかかわってた。

大島とは以前から面識があり、その作品にも好意を持っていた彼は、英国ヘラルドから大島の新作についての紹介を受けてすぐに東京に飛んだ。

ジェレミー・トーマス　私が最初に大島監督に会ったのは1978年。私が製作した『叫び　さまよえる幻響』（イエジー・スコリモフスキ監督）をカンヌに出品した際に、映画祭の主催者であるジャイルズ・ヤコブの紹介で大島と晩餐を共にしたのが初対面です。そのとき私はすでに3つの大島渚作品を観ていました。『儀式』の有無を言わさぬ力、そして『愛のコリーダ』と『少年』に驚愕していました。

その後、1980年に東京を訪れて再び大島に会いました。『戦場のメリークリスマス』について話し合うためです。当時の脚本はあまりにも長すぎました。私たちは日本語版の200ページに及ぶ脚本を100ページになるまで削る必要がありました。それは私と英国の脚本家、ポール・マイヤースバーグでやりました。次はキャスティングです。当初の大島はロバート・レッドフォードをジャック・セリアズにしたかったのですが、その案はなくなり、しばらくして私はデヴィッド・ボウイをこの役に推薦しました。

ボウイもすぐ大島と仕事をしたいと受けてくれたんです。彼の人生でも実に勇気ある決断だったと思いますよ。

ジャック・セリアズ役に、デヴィッド・ボウイはどうかというプランが浮上してきたのである。

デヴィッド・ボウイは70年代の初めに両性具有的なイメージでロック界の世界的なスターとなり、衣装やレコード・ジャケットの撮影を日本人が担当していたりもする、日本と縁の深いアーティストだ。

また、活動は音楽のみならず演劇や映画への出演でも実績を残している。1980年には、ボウイが出演した焼酎『宝焼酎・純』のテレビ・コマーシャルが日本全国で放映され、その楚々とした佇まいが話題を呼んでもいた。

そのテレビ・コマーシャルを目にしていた臼井久仁子も賛成だった。

臼井久仁子　レッドフォードさんに断られて日本に帰ってきて、みんなでじゃあ誰がセリアズ役にいいかを話し合っていたんです。そのとき、私がふとデヴィッド・ボウイのさんの名前を挙げたんです。私は以前に宝焼酎『純』のコマーシャルにボウイさんが出ているのを見ていて、どぎついグラム・ロック時代のイメージとはちがった、清楚で洗練された様子に憧れていたんです。お化粧もせずに、ただ素のデヴィッド・ボウイという人間として出ているのに、とてもカリスマチックで、これはジャック・セリアズにぴったりなんじゃないかと。大島も「ああ、いいね」って感じで、みんなで『純』のコマーシャル・フィルムを観たり、写真を観たり。それで大島の方から連絡を取って、またニューヨークに会いに行くことになったんです。

あのときデヴィッドはブロードウェイで『エレファントマン』という舞台に主役のジョン・メリック役で出ていて、その切符もいただきました。まず大島とふたりで観て、すばらしい、これはいいねって言い合ったのを憶えています。

それでその後にデヴィッドのオフィスを訪ねて、1時間ぐらい話したのかな。大島とはすぐ意気投合して「大島さんの作品を尊敬している」とも言ってくれました。『純』のコマーシャルと同じような白いシャツを着て、たしかソックスも履いてなかった。水の入ったコップを床に置いて座ってじっくり話して、とてもいい感じで別れたんです。オフィスを出て、「あれ、そういえばお茶も出なかったな。ビールでも飲みに行こうか」って、ふたりで乾杯しました。はっきりした返事を聞いたわけじゃないけど、これでなんとなくいい方向に行くだろうと

いう予感がありましたね。

このとき、ボウイは出演を基本的に快諾したものの、条件をふたつつけた。

ひとつは撮影時期。この1980年の暮れは、ボウイは長年在籍していたレコード会社との契約を終え、新しいレコード会社との契約を考えていた頃。その契約が成立して、新しいアルバムを制作する時期に入ると出演はかなわないというもの。

これは結果的に新しいレコード会社との契約に時間がかかり、ぎりぎりではあったが『戦場のメリークリスマス』のその後の撮影期間とはどうにか被らないですんだ。

もうひとつは、英訳された脚本におけるボウイらの英語の台詞が不自然であるので、英語ネイティヴの脚本家をやとって自然な台詞にしてほしいというもの。

これらに関して大島にはもちろん異存はなく、意気揚々と日本への帰途についた。

この英語の出来る海外の脚本家の件も含めて、この頃の大島は海外でのパートナーとしてジェレミー・トーマスをプロデューサーに立てて、日本国内のみならず、海外からの資金調達によっても映画製作の目処を立てようという気持ちが強くなっていた。

ただし、このとき、トーマスにも資金のあてはなかった。

秦早穂子　原さんから、一度この男に会ってみてくれと言われて、カンヌのリッツ・カールトン・ホテルでジェレミー・トーマスに会ってみました。その時点では彼も資金の工面の当てはなくて、これは相当苦労するぞ、とは思いました。

西洋では、第二次大戦中に白人である自分たちの軍人が日本の捕虜になったというのは大きなトラウマになっていて、映画を製作しようとしていた1980年頃なんてまだまだ大きな傷が残っていました。『戦場にかける橋』みたいに、西洋人捕虜の視点からのみで描かれた映画ならともかく、日本側からの視点でも描こうとしたわけですから、余計に向こうの人はひるんでしまうわけです。

実際、英国での資金調達も難航した。国内でも同様だ。最初、ジェレミー・トーマスを紹介したことでこの映画とのかかわりを終えたつもりの原正人も、やがてはこの作品の製作にのっぴきならないかかわりを持つようになっていった。

原正人　ジェレミー・トーマスと大島さんが組んで、デヴィッド・ボウイのキャスティングが決まったというような話は聞きましたが、まだまだその時点では他人事。デヴィッド・ボウイが若い人に人気のロックスターであることは知っていたけど、映画の世界ではあくまでアート系のスター。『地球に落ちてきた男』や舞台の『エレファントマン』は知っていましたが、映画の世界ではマイナーな存在という認識で、この映画を当てるのは大変だろうな、と。

ところが、81年の10月です。ぼくはヘラルドエースという新しい会社を立ち上げて、そのお祝いの会をみなさんが開いてくれたのですが、そこに大島さんも来てくださった。「20代はおのれのため、30~40代は家族と会社のため、50代になったこれからは世のため人のために尽くすべきである!」って挨拶をされて、これはもう世のため人のために『戦メリ』を本格的に手伝わざるを得ないなということになってしまった。新しい会社ですし、せっかくだからなにかチャレンジをという気持ちもありました。タイミングがよかったんですね。

ぼくのお手伝いはまず資金調達に関して。映画作りでいちばん大変なのは、なんといっても資金作りです。作品の企画に合わせた資金をまず調達する。

『戦メリ』の規模を考えれば、やはり大島さんが最初に試算した8億円は当然かかる。しかし、お金を出す側にとってはやはりビジネスですから、この映画のこの内容で果たして資金回収はできるのかと当然不安になるわけです。

ジェレミー・トーマスは若くて生きがよくて熱意もあるけど、やはりまだ経験が足りない。そこで、テリー・グリーンウッドというベテランの映画マンをジェレミーが仲間に引き入れたんです。

彼は映画作りと資金調達の両方を見据えることができるプロ、あらためて彼がこの映画のためのビジネス・スキームを考えたんです。

それは非常に精緻なよくできたもので、そこにはバジェットと作品の国際セールスの予定表、たとえばこの国ではいくらでこの映画を売れるといったようなことがちゃんと書いてある。いわば映画のバランスシートです。

ところが、このよくできたスキームでもまだ資金調達は難航しました。方々にアプローチするのだけどいいリアクションが返ってこない。

「ノン・コマーシャルだ」のひとことです。81年の段階ではどうしても資金調達の目処が立たなかった。

ジェレミー・トーマスに海外での資金調達を任

せていた頃、国内では大島自身がひとつの覚悟を決めていた。妻であり女優であり、映画製作における大島の長年のパートナーの小山明子はこう振り返る。

小山明子　『戦場のメリークリスマス』はとても大変な映画でした。もともとは大島がヴァン・デル・ポストの『影の獄にて』という長編小説を読んだことが始まりでした。それを映画にしたい、と。

私は当初、それに対してまったく疑問でした。なによりもまず制作費が膨大になるだろうし、その資金を作れないだろうと思ったんです。

事実、『戦メリ』も具体的にはなかなか進行しない。制作会社も決まらないし配給も決まらないという状況がずっと続きました。

原さんのヘラルドでやるとようやく決まったときも、資金が集まらない。関係者みなで煮詰まっちゃったんですね。

それで私が「あなたがリスクを背負わない限り、誰もお金は出しません」って言ったんです。監督自身が「自分はこれだけのリスクを背負ってでもやるんだ」という姿勢を見せないと、他人がお金を出すことはない。うちはそれまでに独立プロとして何本もの映画を撮っていました。今回はもっと多額の資金が必要なのだから、もっともっと覚悟がなければ『戦メリ』は撮れません、と。

そこで当時の大島プロ社長の大島瑛子さんが住友銀行に日参して資金の融資をお願いすることになりました。銀行はもちろん映画作品にお金は出しませんから、やはり自宅というモノを担保にして資金を借りました。やはり自宅を抵当に入れて映画を撮るなんて、生半可な気持ちじゃできません。映画が失敗すれば住むところすらなくなってしまう。

　でも、私はずっと大島と長く夫婦をやってきて、映画作りも一緒にやってきた。だからそういう覚悟を自分でも持つのが当たり前のようなところもありましたね。だから、家を抵当に入れるなんてことも、大島はわざわざ私に相談したりもしませんよ。そうすることにしたって事後報告。

　私も、まあ、そうしなきゃいけないだろうなっていうのはわかっていましたし。

　ただやはり、億の単位のお金を借りるということは、やはり精神的にめげちゃいますよね。返せなかったら自分のうちがなくなりますから。ただ、私も仕事してますし、働けばなんとかなるわとも思ってました。大島にも、あなたと子供たちが元気だったら、家がなくなっても大丈夫、生きていけますからと、当時はよく言いました。

　この大島と小山の決意によって、国内分の資金調達についてはある程度の目処が立ち、原もさらに動いた。国内での協力企業探しだ。

原正人　英国内での資金調達が目処が立たなくなったその後にテリーが出してきた案が、オーストラリアに出資してもらおうというもの。後にニュージーランドに変わるのだけど、当時５００万ドルにまで膨らんでいた予算のうち半分の２５０万ドル相当を海外から調達しようと。１ドル２００円の時代ですから5億円。そうして、海外から半分を集めるので、私たちは日本で残りの5億円を集めましょうということになった。

　ただ、この映画にかかわっていた松竹はもちろん、ヘラルドの本社も二の足を踏んでなかなかお金を出すと言ってくれない。

そこで大島さんの紹介でテレビ朝日の小田久栄門さんに面会しに行きました。小田さんは性格の激しい方で、いろいろとやり合ったりもしたのだけど、結局仲がよくなってテレビ朝日が出資してくれることになった。そうすると松竹も出資はしないけれど、配給権を買いましょうと契約してくれた。でもそれは松竹本体ではなく、松竹富士という子会社で、配給権は出資よりもリスクが相対的に減るんですが、それはともかく、でも、まだ足りない。

そこで大島さんは自宅を担保にして、それでもまだ足りない分を銀行と直談判して自分で用意してしまった。これはすごいことです。当時は、いまで言う〝プロジェクト・ファイナンス〟つまり、作品を担保にして資金を出すというシステムもまだない頃で、不動産みたいな旧来の担保がなければお金は貸しませんという時代だった。そこで大島さんは自宅を担保にし、なおかつ住友銀行(当時)の大手町支店に話のわかる課長がいるということで、自分で乗り込んで話をつけてきちゃった。その課長が日本側の資金調達のスキームを考えてくれた。後に角川グループにスカウトされましたけど、そういう優秀な人。

それで住友銀行が日本側資金のすべてを保証するということになって、ジェレミーたち英国側に「日本は資金を用意したぞ、そっちはどうだ」と迫ることができたんです。

この頃の資金に関する海を挟んだやりとりは、まさにスリリングなものだったという。

臼井久仁子　製作資金関係の国内外のやりとりの翻訳も重要な仕事でした。

資金の調達にはとても苦労して、あると

きはリビアから資金が出るかもしれないとか、毎日いろんなテレックスが入ってきました。結局はジェレミーとテリー・グリムットのふたりがオーストラリアやニュージーランドに当たって、ニュージーランドのタックス・シェルターからお金が入る、と。同時に国内では大島監督と大島瑛子さんが資金の50％を日本で集めるために駆け回っていました。

あの頃はまだ電子メールはもちろんなく、ファックスは世の中に存在はしていたのでしょうけど大島プロダクションにはまだありませんでした。ですから、海外とのやりとりはすべて手紙と国際電話。ときたまテレックス。テレックスといっても、いまはご存知ない方も多いでしょうけど、よくKDDに通っていろんな国の人とやりとりをしていました。

製作が本格化してからは昼に英文の手紙を書き、テレックスを送り、夜になると時差の関係で英国にいるジェレミーに電話をしてその日一日の大島プロでの決定事項を伝えるなど、本当に忙しかった。

でも、私も若かったですし、忙しいけれども楽しくて意義ある仕事だなあってエンジョイしてやってました。

海外とのやり取りに関する大島の指示はたいていシンプルでした。「久仁子ちゃん、適当にこういうふうに書いておいて」って。適当と言われても困りますが、「じゃあ、これでいいですか」というと大体ＯＫで、そこにサインを入れて完成。ツーカーな感じでやっていました。なにしろ六畳しかないオフィスで、私と大島瑛子さんのデスクに、監督のソファしかない。コミュニケーションもすごく密でうまくやっていけました。

そうそう、当時大島がよく言ってくれた

アドバイスがあります。「映画製作では自分の仕事だけしていてはダメだ。自分の仕事をしながら耳では周囲の人がいまなにをやっているかつねにチェックしていなさい。あっちの人が電話でいま誰となんの話をしているかまでキャッチしていなさい」というもの。おかげで私も地獄耳になりました（笑）。

最後に、ジェレミー・トーマスとテリー・グリーンウッドがアクロバットを決めた。

原正人　この哲学的なノン・コマーシャルの映画に、どう出資させるか。英国の連中の出した知恵はニュージーランドに行って、出資してくれればニュージーランド内で撮影します、雇用も増えて、資金も還流しますよ、という提案。ならば財政上の優遇処置をしましょう、国から補助金も出しましょうなんて理想的な形にまとめてくれた。そこでニュージーランドのラロトンガ島とオークランドがロケ地に決まったんです。

それまでいろんな映画を作ってきたけれど、それらはどれも国内で完結していたものだから、こういう国際的映画製作のプロジェクトは初めて体験しました。

まさにタイミングはギリギリでした。ボウイのスケジュールが82年の8月から3か月しかなかったから、よくそれに間に合ったと思います。

そんなギリギリの状況でも大島さんのすごいところは動揺しないこと。まだキャスティングも決まっていないのに、すくなくとも動揺している様子は見せない。これまで踏んできた修羅場の数がちがうんだろうなと思わせる迫力でした。周りはあたふたしてましたが。

最大の難関であった資金調達の目処が立ち、いよいよ映画『戦場のメリークリスマス』は本格的に立ち上がった。

しかし、問題はあった。

デヴィッド・ボウイ以外の主要キャストが、この時点ではまだ白紙だったのである。

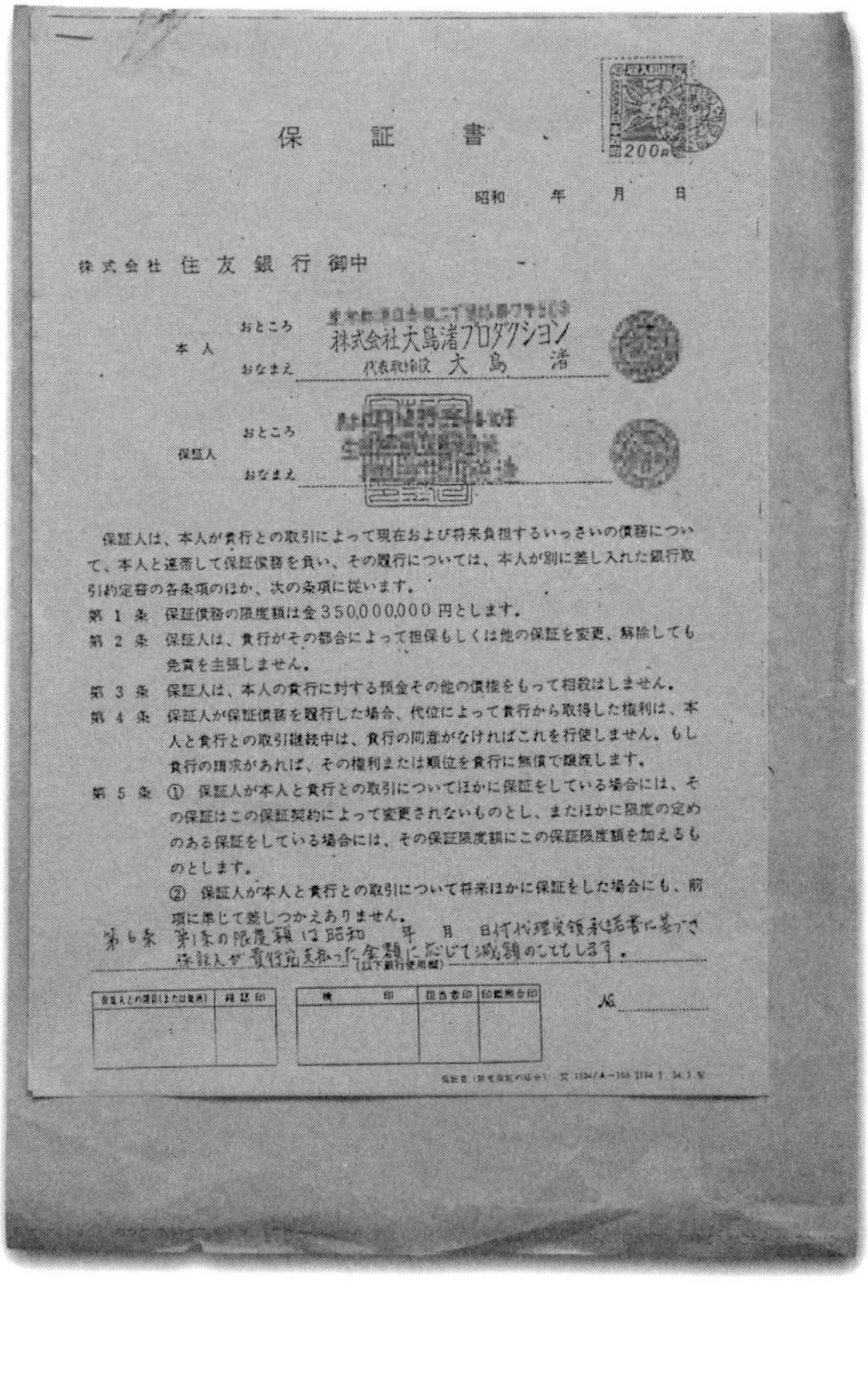

保　証　書

200円

昭和　年　月　日

株式会社 住友銀行御中

本人　おところ
おなまえ　株式会社大島渚プロダクション　代表取締役　大島　渚

保証人　おところ
おなまえ

保証人は、本人が貴行との取引によって現在および将来負担するいっさいの債務について、本人と連帯して保証債務を負い、その履行については、本人が別に差し入れた銀行取引約定書の各条項のほか、次の条項に従います。

第１条　保証債務の限度額は金350,000,000円とします。

第２条　保証人は、貴行がその都合によって担保もしくは他の保証を変更、解除しても免責を主張しません。

第３条　保証人は、本人の貴行に対する預金その他の債権をもって相殺はしません。

第４条　保証人が保証債務を履行した場合、代位によって貴行から取得した権利は、本人と貴行との取引継続中は、貴行の同意がなければこれを行使しません。もし貴行の請求があれば、その権利または順位を貴行に無償で譲渡します。

第５条　①　保証人が本人と貴行との取引についてほかに保証をしている場合には、その保証はこの保証契約によって変更されないものとし、またほかに限度の定めのある保証をしている場合には、その保証限度額にこの保証限度額を加えるものとします。
②　保証人が本人と貴行との取引について将来ほかに保証をした場合にも、前項に準じて差しつかえありません。

第６条　第１条の限度額は昭和　年　月　日付代理受領承諾書に基づき保証人が貴行に支払った金額に応じて減額のこととします。

（以下銀行使用欄）

保証人との関係（または職業）	確認印

検印	担当者印	印鑑照合印

No.

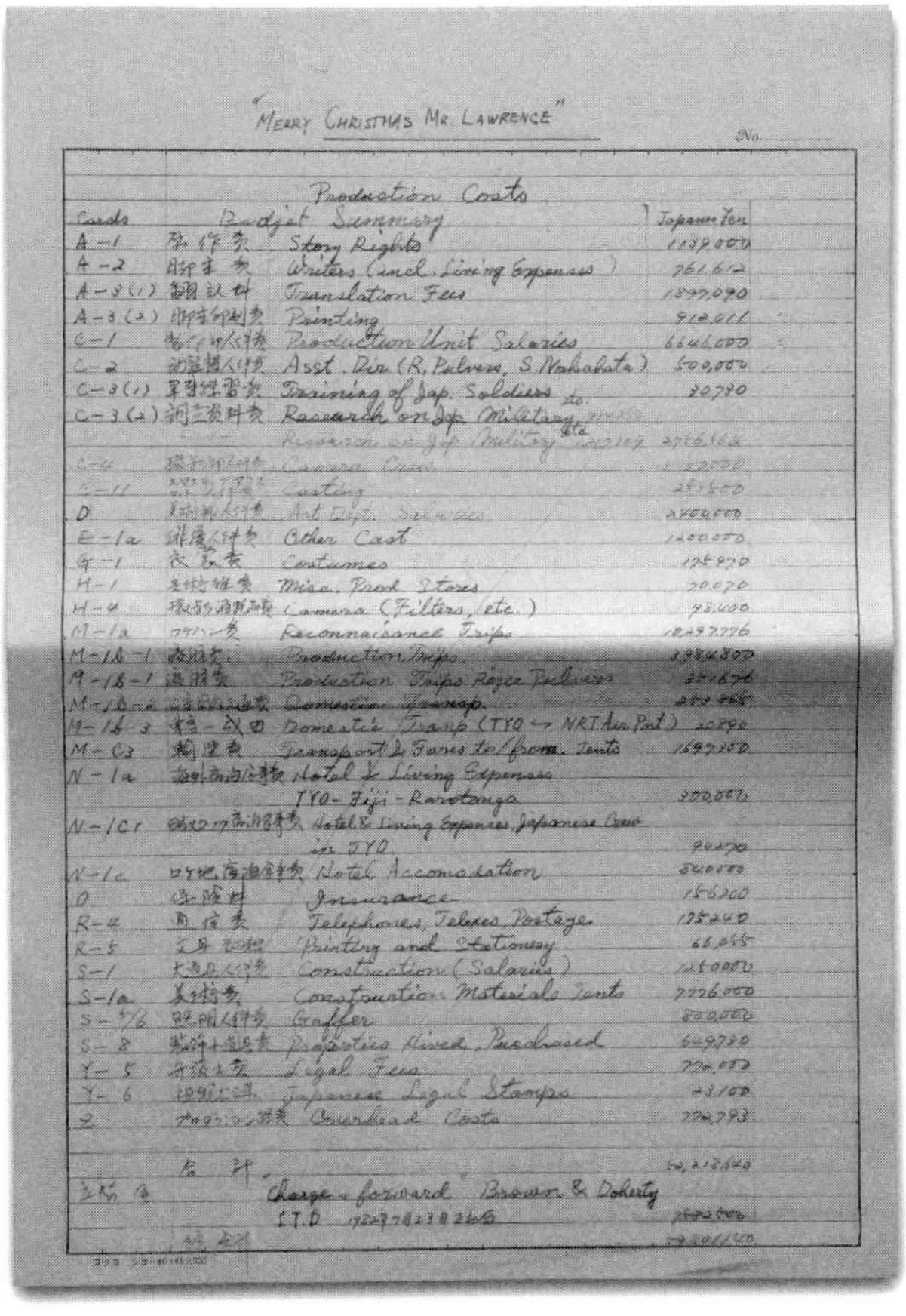

"MERRY CHRISTMAS MR. LAWRENCE"

No.

Production Costs

Budget Summary

Cards			Japanese Yen
A-1	原作費	Story Rights	1139,000
A-2	脚本費	Writers (incl. Living Expenses)	761,612
A-3(1)	翻訳料	Translation Fees	1597,090
A-3(2)	脚本印刷費	Printing	912,011
C-1	[illegible]	Production Unit Salaries	6646,000
C-2	[illegible]	Asst. Dir (R. Palvers, S. Nakahata)	500,000
C-3(1)	[illegible]	Training of Jap. Soldiers etc.	30,780
C-3(2)	[illegible]	Research on Jap. Military etc	
		Research on Jap Military [illegible]	2756,562
C-4	[illegible]	Camera Crew	[illegible]
C-11	[illegible]	Casting	251,500
D	[illegible]	Art Dept. Salaries	2402,000
E-1a	[illegible]	Other Cast	1200,000
G-1	衣裳費	Costumes	125,470
H-1	[illegible]	Misc. Prod Stores	20,070
H-4	[illegible]	Camera (Filters, etc.)	93,600
M-1a	[illegible]	Reconnaissance Trips	10,297,776
M-1b-1	[illegible]	Production Trips	1,984,800
M-1b-1	[illegible]	Production Trips Roger Pulvers	351,676
~~M-1b-2~~	[illegible]	~~Domestic Transp.~~	~~259,665~~
M-1b-3	[illegible]	Domestic Transp (TYO ↔ NRT Air Port)	20,890
M-C3	[illegible]	Transport & Fares to/from. Tents	1697,200
N-1a	[illegible]	Hotel & Living Expenses TYO-Fiji-Rarotonga	900,000
N-1C1	[illegible]	Hotel & Living Expenses, Japanese Crew in TYO	90,570
N-1c	[illegible]	Hotel Accomodation	560,000
O	保険料	Insurance	156,200
R-4	通信費	Telephones, Telexes Postage	195,240
R-5	[illegible]	Printing and Stationery	66,055
S-1	[illegible]	Construction (Salaries)	1250,000
S-1a	[illegible]	Construction Materials Tents	7226,000
S-5/6	[illegible]	Gaffer	800,000
S-8	[illegible]	Properties Hired, Purchased	669,730
Y-5	弁護士費	Legal Fees	770,000
Y-6	[illegible]	Japanese Legal Stamps	23,100
Z	[illegible]	Overhead Costs	770,793
	合計		54,218,640
[illegible]		"Charge forward" Brown & Doherty LTD [illegible]	2602,500
	総合計		[illegible]

デヴィッド・ボウイと『戦場のメリークリスマス』

デヴィッド・ボウイはシンガー、ミュージシャンとしてのデビュー前から演技に関心を持ち、60年代の末にはアンダーグラウンドな映画、演劇に出演していた。リンゼイ・ケンプの一座でパントマイムも習得している。

70年代に入り、その音楽やライヴ・パフォーマンスが演劇的なことでも人気を博したが、ジョージ・オーウェルの『1984』をミュージカル化する計画を立てたりと、つねに映画や芝居への興味をあらわにしていた。

俳優デヴィッド・ボウイの本格的な誕生となったのはニコラス・ローグが監督した1975年のSF映画『地球に落ちてきた男』の主演を務めたときだ。この映画でのボウイの演技はいくつかの映画賞を受賞するなど高い評価を受けた。

その後、いくつかの映画に出演するが、やはり俳優としてのキャリアの大きな転機となったのは『戦場のメリークリスマス』のジャック・セリアズ役。結果的に無冠には終わったものの、1983年のカンヌ国際映画祭で大きな話題となり、それがアルバム『レッツ・ダンス』の大ヒットの時期と合致。音楽でも映画でもカルト的なスターから一挙にメジャーなスターに転身した。

イギリスの雑誌『ザ・フェイス』1983年5月号のインタビューで、ボウイは『戦場のメリークリスマス』についてこう語っている。

「あの役のオファーをもらったのはうれしかった。飛び上がって喜んだよ。おかげで、ぼく自身の役者としての可能性に対して、自分さえその気になれば扉は開けるんだっていう気持ちになったしね」

それまでのボウイの主演作は、宇宙人を演じた『地球に落ちてきた男』、第一次大戦のドイツ人帰還兵の『ジャスト・ア・ジゴロ』、吸血

鬼役の『ザ・ハンガー』と素のボウイとは程遠い役ばかり。もちろん『地球に落ちてきた男』など、制作当時のボウイの異世界から来た人というイメージにはぴったりではあったものの、この1983年当時はダンス、R&Bの『レッツ・ダンス』で人間ボウイとしての新しい世界を開拓する時期でもあった。

そのときにとても人間らしいジャック・セリアズというシリアスな役を演じられたことは奇貨でもあった。

また、カンヌ映画祭での記者会見で、ボウイはこう言っている。

「ぼくはジャック・セリアズの中にぼく自身にもある罪の意識を見つけたんだ。家族と離れてしまったことにとても罪悪感がある。母にはめったに合わないし、もうまったく顔を合わせない義兄がいる」

この義兄は少年時代のボウイとはとても仲が良く、さまざまな音楽も教えてもらった人物だが、精神を患って1970年代から精神病院に入院。ボウイはその境遇を見て見ぬふりをするように距離を取っていたが、その関係は兄と弟というちがいはあれど『戦場のメリークリスマス』でのジャック・セリアズと弟との関係の相似形だった(1985年に義兄は自殺)。

共同脚本のポール・マイヤースバーグは『地球に落ちてきた男』の脚本家であり、劇中のパントマイムのシーンなどはボウイというキャラクターに合わせて追加したものだが、原作での兄弟の描かれ方それ自体がボウイにとって自らの境遇との合わせ鏡となっていて、ジャック・セリアズという役を演じることはボウイにとって本当に重要なことだったのだろう。

ボウイはラロトンガ島でのロケの際は50年代、60年代の古いR&Bのカセットを大量に持ち込んでそればかりを聴いていた。それが撮影終了直後から制作が始まった『レッツ・ダンス』を産む土壌となっている。

世界的に大ヒットした『レッツ・ダンス』を受けた大規模なワールド・ツアー『シリアス・ムーンライト・ツアー』も1983年に行われたが、そこで纏われた多くの衣装の中に、明らかに『戦場のメリークリスマス』での弟との亀裂を生んだ学生時代のシーンを意識したハイスクールの制服風のブレザーの衣装もあった。

『戦場のメリークリスマス』以降、1980年代後半からの映画出演は以降、ジョージ・ルーカスがプロデュースした『ラビリンス』などのメジャーなハリウッド映画に主演しつつ、マーティン・スコセッシやデヴィッド・リンチの映画などに助演で出演。ときどきの話題作に顔を出している。演じる役柄もファンタジーのゴブリン王などもあったが、詐欺師、ローマ総督、実業家、ガンマン、発明家、ギャングなど多岐にわたった。『戦場のメリークリスマス』が俳優としてのボウイのキャリアの大きな転機になったのはまちがいない。

　また、ボウイと映画の関係では、近年では子息のダンカン・ジョーンズが『月に囚われた男』（2009）『ミッション・8ミニッツ』（2011）『ウォークラフト』（2016）などで新進気鋭の映画監督として頭角を現していることも有名だ。

　本書の元版である『戦場のメリークリスマス　30年目の真実』の書籍制作の際には、トム・コンティとともに、もちろんデヴィッド・ボウイにも『戦場のメリークリスマス』に関する新規インタビューの依頼を行なっていた。

　途中、関係者からは感触は悪くないという反応があったが、やりとりの途中で連絡が完全に途絶えた。

　途絶えた時期は、後になってボウイががん闘病に入った頃だと知った。

　がんと闘いながら、ボウイは生涯最後のアルバム『★』（ブラックスター）に取り組み、そのアルバムが発売された2日後の2016年1月10日に帰らぬ人となった。

　映画俳優としての最後の仕事は2009年に公開された『バンドスラム』での本人役となった。

デヴィッド・ボウイ　フィルモグラフィー
（主な出演作品　※はカメオ出演　英題は日本未公開作品　2021年現在）

『ジ・イメージ』（1969年）マイケル・アームストロング監督<短編映画>
『The Virigin Soldiers』※（1969年）ジョン・デクスター監督
『地球に落ちてきた男』（1976年）ニコラス・ローグ監督
『ジャスト・ア・ジゴロ』（1978年）デヴィッド・ヘミングス監督
『クリスチーネF』※（1981年）ユーリッヒ・エデル監督
『ザ・ハンガー』（1983年）ジョン・ブレイルック監督
『戦場のメリークリスマス』（1983年）大島渚監督
『イエローパイレーツ』※（1983年）メル・ダムスキー監督
『眠れぬ夜のために』※（1985年）ジョン・ランディス監督
『ラビリンス』（1986年）ジム・ヘンソン監督
『ビギナーズ』（1986年）ジュリアン・テンプル作品
『キリスト　最後の誘惑』※（1988年）マーティン・スコセッシ監督
『ニューヨーク恋物語』（1991年）リチャード・シェパード監督
『ツインピークス　ローラ・パーマー最後の七日間』※（1991年）
　デヴィッド・リンチ監督
『バスキア』（1996年）ジュリアン・シュナンブル監督
『ガンスリンガーの復讐』（1998年）ジョバンニ・ヴェロネージ監督
『エブリバディ・ラブズ・サンシャイン』（1999年）アンドリュー・ゴス監督
『天使といた夏』（2000年）ニコラス・ケンダル監督
『ズーランダー』※（2001年）ベン・スティーラー監督
『プレステージ』（2006年）クリストファー・ノーラン監督
『アーサーとふたつの世界の決戦』
　リュック・ベンソン監督<アニメーション映画で声の出演>
『August』※（2008年）オースティン・シック監督
『バンドスラム』※（2009）トッド・グリフ監督

第四章　起

ボウイ以外のキャストが決まらないまま、映画は走り出す。ジェレミー・トーマスら英国勢の奮闘により、南半球での撮影が決定した『戦場のメリークリスマス』の製作体制に関して、81年後半の大島は次々と布石を打っていく。

ありとあらゆる機会を逃さず、大島は『戦場のメリークリスマス』に必要な人材を集めていった。

その代表が後に映画で監督の補佐を務めて、外国人キャストやスタッフとの意思の疎通を助けたロジャー・パルバース。米国出身でオーストラリアに暮らす作家、劇作家、そして演出家であった。1960年代に日本に留学経験もあるパルバースは日本語に堪能で、井上ひさし作品の英訳なども行っている。

ロジャー・パルバース　1981年の9月に、私の住んでいたオーストラリアのメルボルン、キャンベラ、シドニーで大島渚のレトロスペクティヴ（上映会）がありました。監督も来豪するということで、ガイド兼通訳として雇われました。

それ以前に大島監督とはちょっとだけ交流があり、日本語もできるし映画用語もわかるということで雇われたのでしょう。

メルボルンに着いた大島監督には、空港から直に私の家に来てもらい、いろいろと打ち合わせをしました。このときがちゃんとした出会いですね。

レトロスペクティヴでの観客との質疑応答などの通訳もして、当時は日本語のできる外国人ってあまり多くなかったから印象に残ったのだと思います。

メルボルンでは、私の書いた戯曲がちょうど上演されていてそれを見に来てくれて、俳優とのやりとりや指示もできる外国人と見えたのでしょう。

そういうこともあり、キャンベラからシドニーに行く飛行機の中で、監督が「ちょっと読んで意見をほしい」と言って渡されたのが『戦場のメリークリスマス』の台本でした。機中で目を通して、涙ぐむほどすばらしい台本だと思って、監督に「この映画を撮るんですか?」と聞きました。

そのときの答えが「たぶん」。英語の「maybe」をそのまま「たぶん」としたのでしょうけど、こちらの目を見て、もうそのときは「たぶん」と言いつつもう撮る気だったのでしょう。

その後、1982年の3月頃に監督から手紙が来たんです。当時はまだメールもFAXもなかった。国際郵便で、監督が万年筆で直に書いた手紙。飛行機の中で台本を読んでもらった映画をついに作ることになった。ついては助監督をやってくれないか、という内容でした。

えっ、と、アパートで立ったままその手紙を読んで、びっくりしちゃました。こんなことがあるんだろうか、と。いや、待てよ、「いい助監督を紹介してくれないか」って意味じゃないだろうなって、何度も読み返してしまいました!(笑)

本当にオレでいいのかって、固まっちゃって、あとでカミさんに聞いたら居間で10分ぐらい立ったまま固まっていたそうです(笑)。

そしてキャスティング。

ジェレミー・トーマスからは、連合軍俘虜の配役に、英国の演技派俳優トム・コンティと、オーストラリア人俳優のジャック・トンプソンの名前が上がってきており、大島には異存がなかった。

問題は日本人の配役だ。

原正人　ボウイが決まったのに対して、日本人の俳優はなかなか決まりませんでした。最初のハラ役は滝田栄さんが候補で、滝田さんのマネージャーと大島さんと私の三人で銀座のお寿司屋さんでスケジュール調整をしたんだけど、どうしても合わない。それで断念したんです。

で、次の候補は緒形拳さん。緒形さんの反応はよかったのだけど、製作の最終的なゴーサインが出る前に緒形さんにＮＨＫの大河ドラマの役が決まっちゃった。

それでもうどうしようとなっているときに、大島さんが「ビートはどう?」って言うんです。まさに奇想天外。みんなびっくりしちゃった。だってお笑いの人じゃないかと思ったのだけど、大島さんはビートたけしの目がいいと言うんです。大島さんはよくテレビに出ていたから実際に会ってそう直観したんでしょう。私も確信があったわけじゃないけど、ならばということで賛成しました。とにかく人気者でしたし、資金も目処がついていたし、いよいよ製作だという気持ちもありました。

秦早穂子　あるとき、大島瑛子さんがパーティーに出ていた私をつかまえて、いまから六本木のあるところに来てくださいと。当時流行っていたそのお店に行くと、大島さんとビートたけしさんがいる。それを見た瞬間、あ、緒形拳でも滝田栄でもなくて、ハラはビートたけしでいくんだなとわかりました。

まさにそれを口説いてる最中で、たけしはちょっと狼狽気味だったけど、大島さんは独特のあの口調で出演を説得していました。誠実さと冗談めかした軽い調子を織り交ぜながら、言うなれば男と男の会話。その後にたけしが決まって、デヴィッド・ボウイも決まったという話を聞いて、大島さんは本当にすごいなあ、と思いました。

その後の北野武の映画の世界における活躍を知っているいまの我々にはわからない衝撃が、各界を走ったという。

この頃の北野武は、漫才師のビートたけしという面のみで世間に注目されていた。コント番組でのお遊びのような劇を除けば、俳優としての経験はもちろんない。

大島がテレビで共演した際に北野武から受けた「いける」というインスピレーションがすべてだった。

そしてさらに異色のキャスティングが決まった。

原正人　たけしさんと同じ頃、坂本龍一も決まりました。私は名前も知らなかったのだけど、ある日大島さんが『男の肖像』（集英社）という写真集を持ってきて、この人をどう思うって聞くんです。

ちょうどその頃に新潮文庫の広告でそういう役をしていたのだけど、それが坂本龍馬の扮装した写真と、高校の学生服を着た写真でした。たしかに〝日本の男〟という顔をしていたので、ちょっとどういう人か調べてみたら、YMOとか…。高校生の息子から、坂本龍一を知らないの？　って驚かれて、そうか、こちらもすごい人気者なんだとわかった。

なんというか、いろんな流れのタイミン

グと、ツキがありましたね。坂本さんも依頼を受けて悩んだそうだけど、いろんな人に断られて、いざやってみたら結果的にいちばん最良の組み合わせになったんです。ピンチを逆転してプラスの爆発になった。

ああいう希有なことはめったにない。いい勉強をさせてもらいました。

1981年暮れ、すべてのピースは揃った。

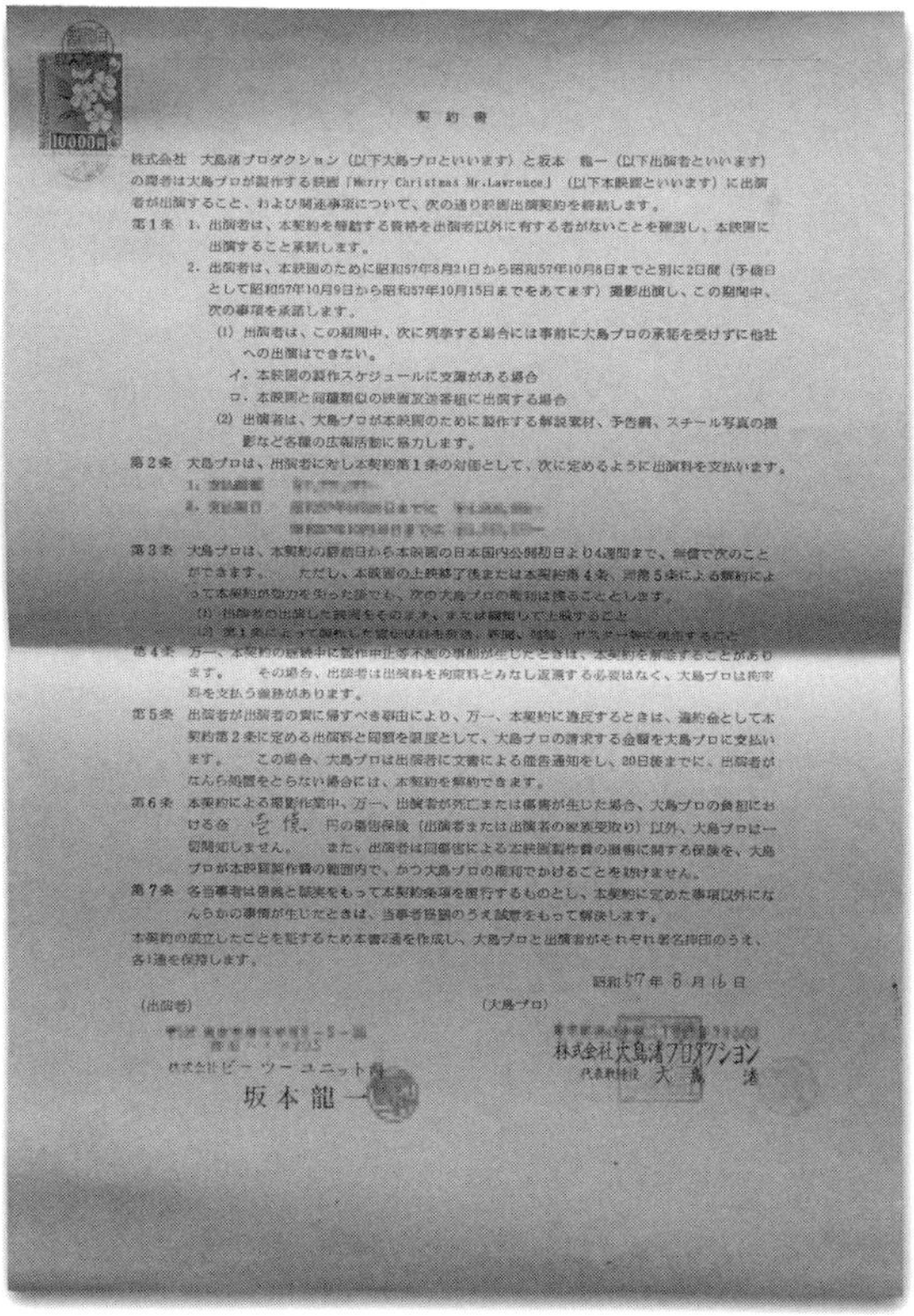

契約書

株式会社　大島渚プロダクション（以下大島プロといいます）と坂本　龍一（以下出演者といいます）の間は大島プロが製作する映画「Merry Christmas Mr.Lawrence」（以下本映画といいます）に出演者が出演すること、および関連事項について、次の通り映画出演契約を締結します。

第1条　1、出演者は、本契約を締結する資格を出演者以外に有する者がないことを確認し、本映画に出演すること承諾します。

2、出演者は、本映画のために昭和57年8月21日から昭和57年10月8日までと別に2日間（予備日として昭和57年10月9日から昭和57年10月15日までをあてます）撮影出演し、この期間中、次の事項を承諾します。

(1) 出演者は、この期間中、次に列挙する場合には事前に大島プロの承諾を受けずに他社への出演はできない。

イ、本映画の製作スケジュールに支障がある場合

ロ、本映画と同種類似の映画放送番組に出演する場合

(2) 出演者は、大島プロが本映画のために製作する解説素材、予告編、スチール写真の撮影など各種の広報活動に協力します。

第2条　大島プロは、出演者に対し本契約第1条の対価として、次に定めるように出演料を支払います。

1、[illegible]

2、[illegible]

第3条　大島プロは、本契約の締結日から本映画の日本国内公開初日より4週間まで、無償で次のことができます。　ただし、本映画の上映終了後または本契約第4条、同第5条による解約によって本契約が効力を失った後でも、次の大島プロの権利は残ることとします。

(1) [illegible]

(2) [illegible]

第4条　万一、本契約の締結中に製作中止等不測の事態が生じたときは、本契約を解除することがあります。　その場合、出演者は出演料を拘束料とみなし返済する必要はなく、大島プロは拘束料を支払う義務があります。

第5条　出演者が出演者の責に帰すべき事由により、万一、本契約に違反するときは、違約金として本契約第2条に定める出演料と同額を限度として、大島プロの請求する金額を大島プロに支払います。　この場合、大島プロは出演者に文書による催告通知をし、20日後までに、出演者がなんら処置をとらない場合には、本契約を解約できます。

第6条　本契約による撮影作業中、万一、出演者が死亡または傷病が生じた場合、大島プロの負担における金　壱億　円の傷害保険（出演者または出演者の家族受取り）以外、大島プロは一切関知しません。　また、出演者は同傷害による本映画製作費の損傷に関する保険を、大島プロが本映画製作費の範囲内で、かつ大島プロの権利でかけることを妨げません。

第7条　各当事者は信義と誠実をもって本契約条項を履行するものとし、本契約に定めた事項以外になんらかの事情が生じたときは、当事者協議のうえ誠意をもって解決します。

本契約の成立したことを証するため本書2通を作成し、大島プロと出演者がそれぞれ署名捺印のうえ、各1通を保持します。

昭和57年8月16日

（出演者）

株式会社ビー・ツー・ユニット内

坂本龍一

（大島プロ）

株式会社大島渚プロダクション

代表取締役　大島　渚

第五章　動

主要キャストの配役が決まり、なんとか資金調達の目処が立ったとき、『戦場のメリークリスマス』製作の真の戦場は時間との戦いとなった。

ニュージーランドとの話をつけたジェレミー・トーマスらは、82年5月にカンヌ映画祭を機にカンヌに集まって大島ら日本側スタッフと会合を持ち、そこでロケ地として同国のクック諸島にあるラロトンガ島という島を提案。

日本ではまったく名前の知られていないその島で果たして撮影が可能なのか？　以前にインドネシアやフィリピンでロケハンをした結果、映画製作には不向きだったという結果を経験している大島は、大島組の美術監督の戸田重昌と製作進行の白井隆をすぐに現地に派遣した。


戸田重昌からの連絡はすぐに入った。

「いける」

1982年5月、いよいよ撮影に向かって映画は動き出した。

臼井久仁子　ロケ地とお金の算段がついたときにはもうクランクインが差し迫っていました。デヴィッド・ボウイのレコーディングの関係で8月には撮影を開始しないと間に合わなかったんです。その年の12月からデヴィッドはニューヨークで新しいアルバムのレコーディングをスタートする予定になっていて、どうしてもそれまでに撮影を完全に終えていなきゃいけなかった。

デヴィッドのその新しいアルバムは翌年の春に『レッツ・ダンス』として発売されて、彼の最大のヒット・アルバムになりましたが…。

とにかくそのためにまだお金の目処が完全に立つ前から美術監督の戸田重昌さんらは先発隊としてラロトンガ入りしていました。

しかし、セットを建てようにも予算がない、現金がない。予算がなんとかなったといっても、まだ実際にはイギリスの弁護士と日本の弁護士とニュージーランドの弁護士の三人のサインがなければお金を引き出すことはできないという状態で、撮影開始ぎりぎりまで手元にお金がなくて大変でした。監督はあいかわらずなんとかなるさって平気そうな顔でしたけど。

また、お金の問題以外でも書類関係ほかやることが山積みで、これも大変でした。俳優やスタッフの労働許可の書類、保険関係、たとえば照明器具ひとつにしてもオーストラリアから運ぶかニュージーランドから運ぶかなど、決めなきゃいけないこと、書かなきゃいけない書類がものすごくたくさんあるんです。海外ロケの、しかも国外との合作映画でしたから、そういう山のような事務仕事が生まれたのですが、制作の中心は私と監督、大島瑛子さんの三人だけだったので、次から次へとぱっぱとこなしていかざるをえませんでしたね。全員のビザの収得やパスポートの管理だけでも、本当に大変でした。


ボウイに並んで、売れっ子の芸能人である北野武のスケジュール調整も難関となった。

原正人　この段階でいちばん大変だったの

は、あらためてビートたけしのスケジュールを調整すること。

まず大前提としてボウイのスケジュールがあって、そこに合わせてもらわないといけない。ラロトンガへは行くのに2日、帰るのに2日で計4日。たけしさんが2週間なんとか開けてくれても、撮影に使えるのは10日間しかない。

10日間であの撮影ができるなんて、誰も思わなかったですよ。それが常識。助監督がスケジュールを組んで香盤表を作ってみたけど、どうしても無理。すると大島さんが「やってみせる!」って自分で手書きの香盤表を書いて、びしっとたけしさんをスケジュールに組み込んじゃった。大島さんの力技ですよ。それで、よし、これで行く! って、7月30日に映画の製作記者会見を開いて発表して、31日にはもうスタッフみんなでラロトンガに飛んで、8月23日にはクランクイン。

この製作記者会見は日本軍の軍服に身を包んだ北野武、坂本龍一らも出席。人気絶頂の漫才コンビ〝ツービート〟のビートたけし、同じく人気絶頂の音楽グループ〝YMO〟のふたりが丸刈りの上で軍服姿で現れたのだから翌日のスポーツ紙、芸能番組はこの話題で持ち切りとなった。記者会見前のふたりの「断髪式」にもカメラと取材が入っており、話題はさらに盛り上がる。すでに映画の宣伝戦も始まっていた。

また、この頃には日本兵役のキャストを集めて、広尾の有栖川公園で従軍経験者指導による「軍事教練」を行っており、日本兵の所作、挙動がキャストにたたき込まれてもいた。

そして大盛況の記者会見を終えると、先行していた戸田重昌らの美術斑に続き、大島ら他のスタッフも7月31日にさっそく日本を出国。大慌ての製作記者会見、出国だった。

海外のスタッフもラロトンガ島を目指した。

ロジャー・パルバース　1982年の6月に、衣装合わせがあるから来いと東京に呼んでもらって、そこであらためて監督やキャスト、スタッフたちと会い、ようやく実感して、その後は7月にメルボルンにとんぼ返りして荷造りし、すぐにオークランド経由でラロトンガへ行きました。オークランドからは監督やスタッフたちと同じ飛行機でした。

ぼくはロスアンジェルス育ちで、その後、ソビエト、ポーランド、フランス、そしてオーストラリアといろいろなところに住んでますが、それでもラロトンガにはすごく異国情緒を覚えました。ニュージーランドの都市オークランドから飛行機で3時間ぐらいの島ですが、30年前のラロトンガ島は本当に純朴で楽園みたいな島でした。

映画のロケは最初はジャワでやろうとか、オーストラリア北部のクイーンズランドでやろうとか、いろいろ案はあったそうです。

あの小さな島にデヴィッド・ボウイも来たし、坂本龍一も来たし、北野武も来た。北野さんがいちばんスケジュールが厳しくて10日間しかいられないから、撮影スケジュールも彼に合わせて組んでいたのを憶えています。

ラロトンガ島入りしたスタッフを待っていたのは、戸田重昌が作った広大な収容所のオープンセットだった。

ジャングルを切り開き、そこに異形の空間が拡がっていた。

助監督の伊藤聡は、もともとは映画の製作畑に進むつもりはなかったが、大島の熱意にほだされ、この映画にかかわることになった。

このオープンセットを見たときの感動はいまでも憶えているという。

伊藤聡　『戦場のメリークリスマス』の製作に入ったばかりのときに大島監督と初めてお会いしました。当時ぼくは映画評論家志望だったのですが、大島さんから「ふざけるな、現場のほうがおもしろいよ」と現場に引っ張られたんです。

なにしろああいうキャラクターの人ですから、最初は緊張しました。事務所で一日顔を突き合わせていても一言もしゃべらなかったり。

そういう緊張感の中でラロトンガ入りしました。もう捕虜収容所のセットはできていてすぐ撮影に入るというような時期です。

ラロトンガという島はクルマで30分で一周できちゃうような小さな島。島の周辺にだけ集落があってあとは全部ジャングルなんです。そのジャングルをブルドーザーで切り開いて収容所のオープンセットが組まれていました。そのスケール感はすごかった。スタジオの建て込みでは出せない迫力を感じましたね。外国人も含めた１００人以上の大所帯のスタッフの陣容も含めて、初めての撮影現場で圧倒されました。ここでやらなきゃいけないのか、と。

ただ、いきなりやることが山積みされていたので、とにかく目の前にあることをひとつひとつ精いっぱいこなしていくしかありませんでした。

不安なのはどのスタッフも同じだった。日英豪、ニュージーランドのどのスタッフにとっても故郷から離れた南海の島の、まさに収容所のような隔離された環境での映画製作がこれより続くのだ。

ややもするとスタッフ同士であっても言葉も通じない国際共同製作という体制。厳しい姿勢で知られる大島監督の映画であることも、なお緊張を高めた。

ロジャー・パルバース　ぼくはそれまで、自主製作の映画の経験はあっても、劇場でかかるメジャーな作品にかかわるのは初めて。最初はとにかく不安で、監督にも「一生懸命がんばりますけど、わからないところは教えてください」ってしょっちゅう言ってました。

　映画がクランクインする前の晩、ラロトンガのホテルのレストランで壮行会があり、そのとき監督はぼくのところに来てぼくの膝に手を乗せて「ロジャー、ごめんね、映画の撮影に入るといろんな注文をつけるよ」と。ぼくとしては、こんな体験は人生で二度とないだろうから「いいえ、なんでもどんどん言ってください。なにも知りませんけど、がんばります」って。

国際共同映画ということで、日本から渡航できるスタッフの数には制限があり、日本人スタッフのほとんどは一人二役どころか、三役、四役を兼ねていた。スタッフとしての仕事のほか、日本兵の扮装をしてのエキストラの役まである。

　南の島でのロケではあっても、物見遊山気分は誰にもない。

　到着したラロトンガ島は、すでに戦地であった。いよいよ、撮影が開始された。

別紙 ①
安倍通産大臣殿
この度 株式会社大島 渚プロダクション 全国朝日放送株式会社
レコーデッド・ピクチャーCO.（ロンドン）で 日英合作劇映画
「メリー クリスマス、ミスター ローレンス」を製作する事になりま
した。
撮影場所（ロケ地）は ニュージーランド政府の協力により ニュージ
ーランド本島 及び ラロトンガ（ニュージーランド政府自治区）で行
No. 214-1
請求書
昭和58年 6月20日
株式会社大島渚プロダクション殿
下記のとおりお支払い下さいますよう
お願い申し上げます。
桝田江尻法律事務所
請求金額 ¥2484430
明細
金額
戦場のメリークリスマスの件
昭和57年5月
1. 優秀映画製作奨励金交付に関し松井氏と会議
上記に関し請求書類検討
3. Ian Braddock氏よりのテレックス検討
2. Peter Cole氏より送られてきた書類及び関係書類検討
4. 上記の関係書類及び模型銃に関し大島瑛子氏と会議
5. Cole氏宛テレックス作成
6. Ian Braddock氏宛テレックス作成
弁護士料合計
実費
請求金額合計
源泉徴収税額
差引お支払いいただく金額
ニュージーランド
OVERSEAS TRAVEL ACCIDENT INSURANCE ENDORSEMENT
111 JAPAN
お客様控

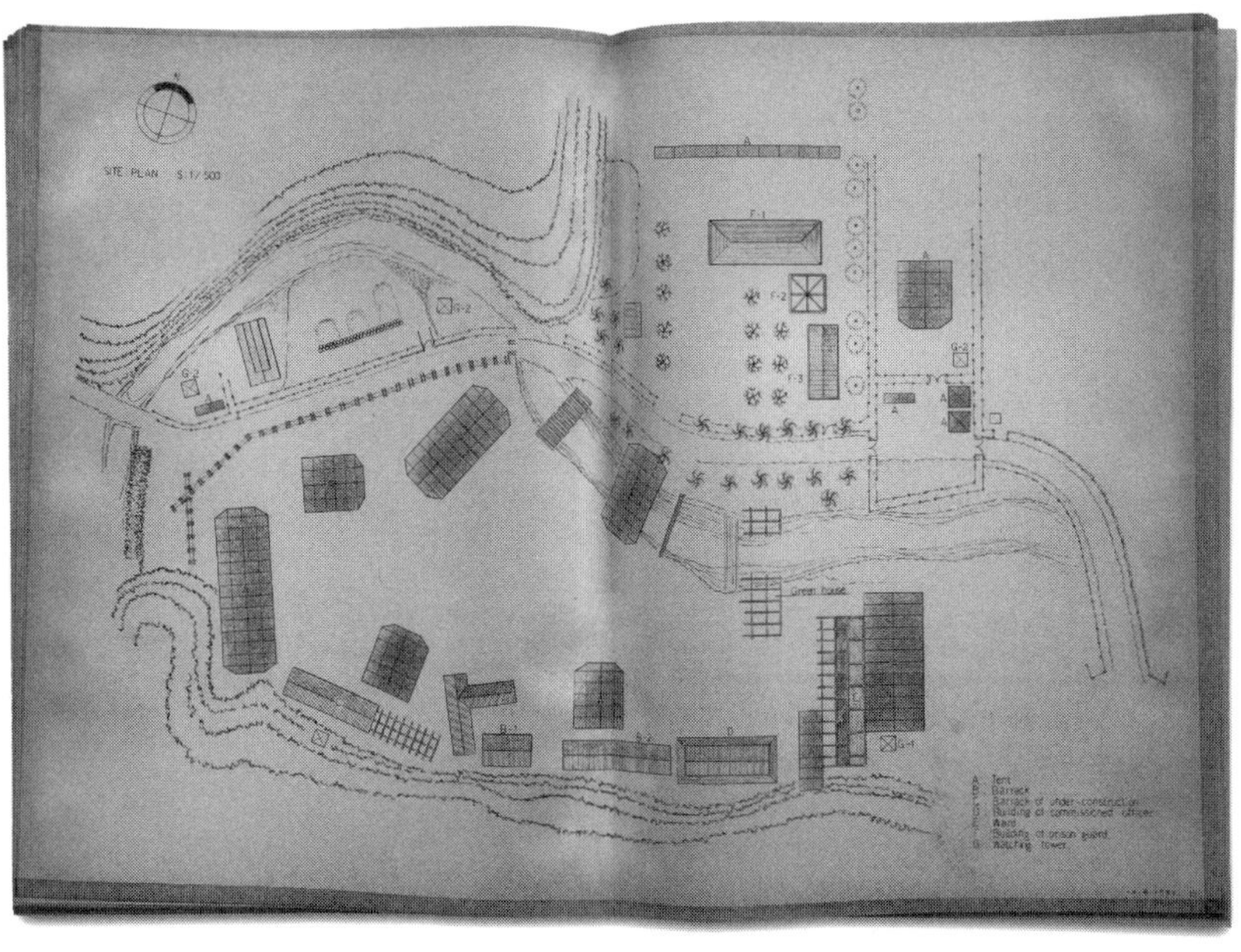
SITE PLAN S.1/500
Green house

インタビュー
トム・コンティ（ジョン・ローレンス）

最初に『戦場のメリークリスマス』への出演依頼が来たときには、まずなによりも日本人の監督の映画に出演するということに興奮を覚えました。日本映画には常に感嘆してきたからです。ただ私が観ていたのは主に黒澤明監督作品で、大島の映画は『愛のコリーダ』しか観たことがなかったのですが。大島には撮影開始までは会っていなかったんです。だから彼の印象は撮影時が全てです。

大島と仕事をして印象に残ったことはとても多いのですが、一つ挙げるとすれば彼がしばしば1シーンを1テイクで撮ろうとしたことです。ヨーロッパでは多くのテイクを重ねることは当たり前なんです。スタッフや演者の失敗を大目にみるからですね。大島はそうではなかった。彼はスタッフだろうが役者だろうが、現場のあらゆる人に最初のテイクでの〝揺るぎなさ〟を求めました。素晴らしい撮影哲学です。

私が日本語の台詞回しを学んだのは、意外に思われるでしょうが、素晴らしいニューヨークのユダヤ人、ロジャー・パルバースという特別な言語学者からなのです。彼は私と浜辺を往ったり来たりしながら、一週間、毎日、しかも一日中、私の頭に日本語を文字通り叩き込んだんです。そして彼は日本語の歴史と性質を説明してくれました。彼もまたこの作品にはなくてはならない才能でした。

ローレンスと私自身には一つだけ似たところがあります。「あなたが捕えた者を侮蔑することよりも、理解しようとすることで生き残ることへの真実が現れるのだ」という姿勢です。

どんな作品にも、もちろん「撮り直したい」というシーンがあります。この作品でも今も1シーンだけ悔いが残っています。それは〝カネモトの腹切り〟のシーンです。私の演技が良くないんだ！

作品中、私のアドリブは採用されていません。もし変えたほうが良いことがあれば、それは事前に大島と話し合っていました。今でも思えば嬉しいのです…。彼は私の言うことには賛同してくれたんですから。

それに作品のラスト・シーンの撮影は忘れたことがありません。

私にとって、たけしと仕事をすることは本当に素晴らしいことでした。それまで彼のことは何も知りませんでしたが、彼が凄まじい才能を持っているということはすぐに明らかになりました。それに彼がいつも撮影スタッフを笑わせようとすることに好意を持ちました。彼と最初に撮ったシーンは台詞の全編が日本語でした。私は大島が、私の台詞覚えを考慮してくれてカットを細かく割って撮るものだと思っていたら、シーンを長回しの1テイクで撮ると言うんです。

たけしは、私の度重なる酷いNGの繰り返しにも忍耐と理解を示してくれました。だからこそあのシーンは〝1テイク〟で撮れたんです。

ハラ軍曹が処刑のときを待っている。ローレンスは〝さよなら〟を告げに行きます。ローレンスはハラ軍曹を彼の家族のもとに帰すことが出来れば…という想いをハラ軍曹に告げます。

すでにハラ軍曹は〝良き軍人になるために非情な暴力を振るう者〟ではなく、とても静かで穏やかな、自らの死を受け入れた人物になっているのですからね。

しかし、ハラ軍曹を処刑に追いやるほどの非情を彼にやらせたものが一体、何であったかを全く理解することができていないままで彼も命を奪われる。

たけしの演技は実に見事でした。彼が映画プロデューサー、監督として今日ほどの絶大な成功をするとは当時の私には分りませんでした。しかし、当時の彼を知る私には驚きではありません。

そういえば、間違いなく幻のラヴシーンは撮影されました。相手役の女優と私は『愛のコリーダ』を観ていたので、大島が私たちに何を求めて来るかを考えてやや神経質でした。この作品において女性がメイク用のトレイラーに入って、20分後に裸になっているなんてことは全くもって異例のことでした。現場では「これが〝交流のありがたさ〟ってもんだぜ!」と囃し立てる者もいました。

それはともかく、大島が私たちに「君たちはどう演じたいんだ?」と聞いてきたんです。

私は「普通でいいんじゃないかな? 私が上になる体位で」と言うと彼はわずかにうなづいて見せました。

それが彼の「うん、いいだろう」という意味なのです。

現場に「やれやれ、スムーズに行きそうだぞ！」という安堵の空気が広がったのを覚えています。

あれはささやかでしたけど、けっこう良いシーンだったのでファイナル・カットで外されたのは残念でした。ただ、いまではそれは正しい判断だったと思っています。あのシーンは物語の動きを妨げてしまったかもしれませんから。とくに、ローレンスが全く理解できなかったセリアズの弟への想いに関する伏線の効果を。

ただ、何にせよ、撮影現場で綺麗な女性を見ることができるのは嬉しいものです。しかも、女性が裸ならもっと嬉しいじゃないですか（笑）。

あの当時の私は比較的若手の役者でしたから、初号を観ればもちろん興奮はしますよ。そうですね、「これは〝デカい〟ハリウッド映画だ」と思いましたよ。ただ「ジョン・ウェインは出てないけどな」とね。

ただ、実を言えば、私はこの作品がカンヌ国際映画祭のパルムドール賞の最有力候補だとはぜんぜん知らなかったのです。だからパルムドール賞を獲れなかったと知ったときも私はちっともガッカリはしませんでした。しかし、プロデューサーのジェレミー・トーマスと大島は気の毒だったとは思いました。

龍一の音楽に自分が何を期待すればいいのかは全く分かっていませんでした。ですから、ローレンスとハラ軍曹が言葉を交わしながらのんびりと歩き始めたシーンで音楽が鳴ったとき、そのシーンを観た誰もが言葉を失ったことを喜びました。作品のオープニングの隊列のシーンはとても激しい音楽です。しかし、その核となる旋律にはこれから訪れる哀しみが予告されているんです。素晴らしい。

この一言に尽きます。

素晴らしい才能を全開にさせた大島、ジェレミー・トーマスという我らが最高の製作者、デイヴィッド、龍一、たけし、そしてこの作品に関わったあらゆる者たち、誰もが決して忘れることができない時間を共有したんです。私は、死ぬまでそれを失うことはありません。

そうそう、もうひとつ別の意味で忘れることが出来ないことがありました。この作品に関わった誰もがそうだと疑いません。それはラロトンガ島の現地スタッフが撮影中に行方不明になったことです。彼は今でも見つかっていません。悲劇でした。私は彼の奥さんと家族への深い悲しみを覚えました。

（註）撮影開始直前、照明係の日本人スタッフが行方不明になり見つからないままとなった。

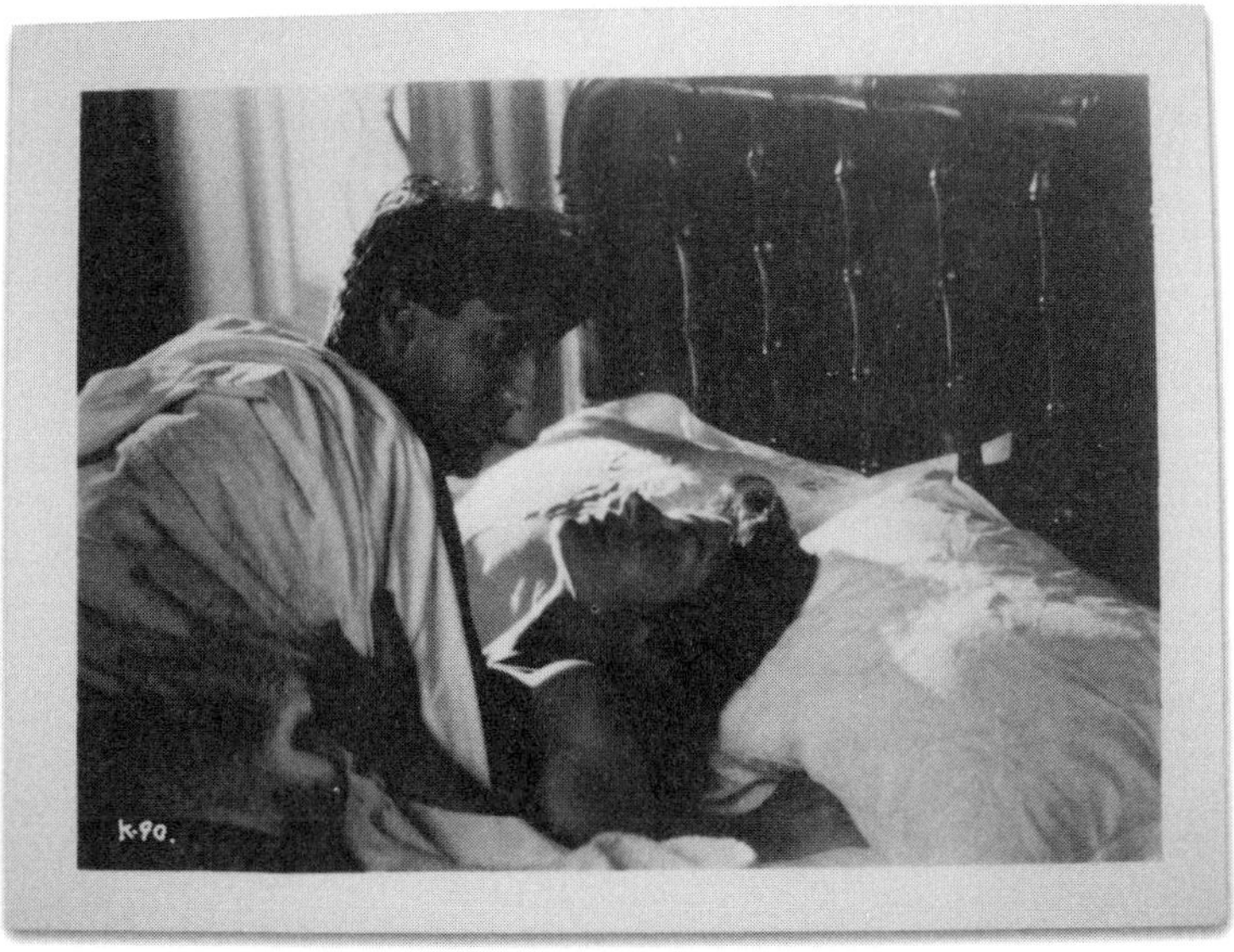
K-90.

北野武と『戦場のメリークリスマス』

『戦場のメリークリスマス』出演後の、北野武の映画界における活躍を知らない人はいないだろう。

1989年公開の初監督作品『その男、凶暴につき』は、もともと監督予定の深作欣二が撮影前に降板したことにより、主演男優である北野武に替わりの監督依頼があって実現したという異色の経緯であることも有名。

果たして、初の映画監督の依頼があったとき、北野武の脳裏にはどのような風景がよぎったのだろうか。その7年前の南の島の風景はそこにあったのだろうか。

1990年代以降の北野武の映画監督としてのキャリアは順風満帆。

第四作の『ソナチネ』（1993）や『HANA-BI』（1998）などでは、『HANA-BI』の第54回ヴェネツィア国際映画祭金獅子賞をはじめ、数多くの受賞歴を誇る。

2000年代に入っては権威ある映画賞からの評価のみならず、『BROTHER』（2001）や『アウトレイジ』（2010）など、興行的な成功も収めている。

大島渚の遺作である『御法度』（1999）では、身体の不自由な大島の補佐を映画監督として務めたという話も伝わってくる。

『戦場のメリークリスマス』での抜擢がなくとも、やがて映画の世界で監督、俳優として才能の花を咲かせていただろう北野武だが、それでもやはり大島渚の直観が、この異能の登場を何年かは確実に早めた。

坂本龍一の『ラストエンペラー』（1987）でのアカデミー作曲賞受賞と同様に、大島渚という希有な直感力を持つ映画監督が、映画の世界に新たな輝きをもたらした象徴だろう。

北野武フィルモグラフィー
（監督作品・2021年現在）

『その男、凶暴につき』（1989年）
『3-4X10月（さんたいよんえっくすじゅうがつ）』（1990年）
『あの夏、いちばん静かな海。』（1991年）
『ソナチネ』（1993年）
『みんな～やってるか!』（1995年）
『キッズ・リターン』（1996年）
『HANA-BI』（1998年）
『菊次郎の夏』（1999年）
『BROTHER』（2001年）
『Dolls』（2002年）
『座頭市』（2003年）
『TAKESHIS'』（2005年）
『監督・ばんざい!』（2007年）
『アキレスと亀』（2008年）
『アウトレイジ』（2010年）
『アウトレイジ ビヨンド』（2012年）
『龍三と七人の子分たち』（2015年）
『アウトレイジ　最終章』（2017年）

ご存じのように、私は「戦場のメリークリスマス」のラロトンガ島での撮影の時のエピソードをさんざんお笑いのネタとして紹介してきました。

たとえば、トカゲを撮るシーンで思い通りに動かないトカゲに腹を立てて、大島監督が「おまえはどこのプロダクションに所属しているんだ！」と怒鳴ったとか…。もちろんそれらはネタではありましたけど、私の中では「映画監督っておもしろい仕事だな。いつかやってみたいな。」と本当に思ったとても貴重な体験だったのです。

何時からか私のキャリアの中に映画監督という仕事が加わり、今日もなお映画監督であり続けたいと思う自分の中の根底の部分に、あの「戦場のメリークリスマス」の大島監督の撮影風景がしみついて離れないのでしょう。大島監督のあの大きな「用意！はい!!」の声を、そしてあの熱い演出されるお姿を生涯忘れることはありません。

北野　武

第六章　躁

映画『戦場のメリークリスマス』の撮影は、日本人俳優がラロトンガ入りする直前の8月21日からスタートしていた。収容所でのデヴィッド・ボウイ、トム・コンティの絡みのシーンだ。これが映画のファースト・カットとなった。

大島監督らすでに現地入りしていたスタッフを除く、日本人のキャスト、スタッフがラロトンガ入りしたのは8月23日。途中、フィジーでの2泊を含む、日本から4日をかけての長旅だった。この長旅の間中、英語の台詞が多い坂本龍一は脚本（英文スクリプト）とつねに格闘していたという。

到着するなり、そこはもう戦場だった。日本人、外国人のキャスト、スタッフが入り乱れ、宿舎となったラロトンガ・ホテルは収容所ならずとも、戦地のキャンプのような様相を呈していた。

英語、日本語が飛び交い、あちこちで文化の衝突もあれば融合もあった。何人かの日本語に堪能な外国人スタッフたちがその緩衝材、橋渡しの役を担った。

その代表が、外国人キャストへの日本語の台詞指導や大島監督の相談役というポジションにいたロジャー・パルバースだった。

ロジャー・パルバース　ラロトンガでの撮影中のぼくのスケジュールは、基本的に朝起きてまず、オンボロのトヨタで監督や成島さんらをロケ場所まで送る。ほんとうにこの車は大丈夫かっていうぐらいの錆びた車でした。そして朝食のときに、トム・コンティ、ボウイ、ジャック・トンプソンら外国人俳優と打ち合わせをして、監督の要望を伝えたり、彼らの悩みや相談を聞いたりする。彼らのほうから「このシーンはこういうふうにやりたいのだけど、どうか？」と訊かれて、監督に伝えもしました。そういうときは監督の答えはほとんど「好きなようにやってください」というものでした。

でも外国人俳優たちに「Do as you like（好きにやって）」と伝えても、彼らはそれに納得しない。自分の提案に対して、もうちょっと監督からの意見や積極的な肯定の言葉がほしい、と。

というと、監督は、そんなのいちいち指示しない、段取りも組まない。好きにやってくれ、と。

撮影現場では本当にそうだったんです。俳優に向かって、ここでこうしなさい、こういうふうに、ということがまったくない。小津安二郎監督とは180度ちがうというか（笑）、本当に演出の指示をしない、俳優にまかせて、大体ワン・テイク。ときには撮影監督がOKを出す前に「よし次！」って（笑）。監督は、とにかく役者の自発性にまかせて、最初のテイクがいちばんおもしろいっていう天才的なひらめきがある人。自発性とフレッシュネス、新鮮さとその雰囲気を尊重する。実際、フィルムではそれがうまく出ているわけですから正解でした。

これはよく憶えているのですが、あるシーンでトム・コンティが「ロジャー、このハラ軍曹が現れるシーンでは、ぼくはどういうふうにしゃべるのがいいと思う？」って訊いてきたんです。で、ぼくは何気なく「この椅子から立ち上がりながらしゃべるのがいいんじゃない」って答えたら、それを見ていた監督が「ロジャー！　演出するな！」って怒鳴るんですよ。もう本当に北極からの冷たい風が身体を通り抜けたように凍りつきましたね（笑）。「トム、悪いけど自分で考えて好きなようにして！」って（笑）。

外国人キャスト、スタッフと日本人との意思疎通や通訳に関しては、私以外にバイリンガルの女性スタッフもいたし、坂本さんのおつきで来ていたピーター・バラカンさんもいたので、それほど困ることはなかった。ぼくはほとんどジェレミー・トーマスさんと大島さんの間の通訳を主にやっていたかな。

ジェレミー・トーマスと大島さんは本当に馬が合ってました。その後も一緒に映画を作ったことでわかるよう、素晴らしいプロデューサーとすばらしい映画監督の組み合わせ。そのこともあって製作現場のコミュニケーションはスムーズで、喧嘩もほとんどなかった。私は外人のスタッフに「おはようございます」と「おつかれさま」というふたつの日本語を教えました。「〝おはようございます〟はグッド・モーニングじゃなくて、朝4時でも午後4時でも日本の現場では〝おはようございます〟と言うんですよ」と。みんな不思議がってましたけど、だから現場では外人もみんな「おはようございます」と「お疲れさまです」を言ってたんです。

大島監督のファースト・テイク第一主義（絶対主義と呼んでもよい）は、まさにこの映画の撮影現場における文化の衝突の象徴となった。臼井久仁子もこう証言する。

臼井久仁子　この『戦場のメリークリスマス』の撮影で海外のスタッフや俳優がなによりびっくりしたのは、大島監督のリハーサルもしなくて、ほとんどファースト・テイクだけで本番の映像を撮っていっちゃうこと。

「革命的な映画作りだ」なんて言われたものですが、それもこれも大島監督は昔からお金がなくて予算一千万円で映画を撮ってきていたし、この『戦メリ』でもお金が足りないから、そういう経済的な撮り方にする必要があったということもあるんです。

そのぶん、現場は緊張感が張りつめて、いい映画を撮ることができたと思います。

最初はやはり西洋式の映画作りのスタイルと、大島スタイルがあまりにもちがいすぎて文化の衝突もありました。それでも撮影が進むにつれて外国人のほうが英語で言う「Compromise」、つまり譲歩や妥協をして大島スタイルに合わせるようになりました。ラロトンガの撮影を終えてオークランドの撮影に入る頃はみんなもう何事もぱっぱと進める大島スタイルになりきってました(笑)。

また、大島は監督主導の演技指導や入念なリハーサルも嫌った。あくまで本番での最初の演技。そこに魂がこめられ、段取りを重ねた撮影では得られない「本質」が立ち上がるという信念があったのだろう。

伊藤聡　大島さんはとにかく演技は俳優、美術も小道具も現場まかせ。「監督、ここはどうしたらいいですか」なんて聞くと「そんなことは自分で考えろ!」と激怒される(笑)。

なので、美術監督の戸田重昌さんがデザインして建てた温室みたいなガラス張りの病棟兵舎っていうのも、大島さんは一切関知していないと思うんですよ。なぜあんな不思議な建物なんだということも含めて。ただ、現場に来て、これか、よし撮ろうというだけ。

それも、たとえば坂本さんが演じるヨノイが夜になってボウイの様子を見に来るというシーンでは、まず坂本さんとボウイにセットに来てもらい、「どうしますか？」と。脚本をもとに彼らが考えたプランで演技すると、途中で「はいっ」って止める。シーンの最後まで演じさせない。その時点で撮影監督の成島さんに「ここはどう撮る？」と投げると、成島さんが「じゃあ、アップから行きましょう」と。「はいっ」って止めたとこまでが1カットということ。

逆に、最初にシーンの最後まで演技させると、それは大島さん得意の長回しの1カットでいくんだなってみんなわかるので、緊張しました。坂本さんなんか「あれは俳優にとっては脅迫だ」なんて言ってましたね。つまり、どうカット割りされるか、あるいは長回しでいくのかわからないので、俳優はそのシーンで出てくるセリフは全部頭の中に入れておかなくちゃいけない。相手の俳優がどう演技するかもわからないままそれに対処して芝居を続けなきゃいけない。

そうして、カメラ配置してライティングが決まって、必要ならレールを敷いて、次は1回それらの技術的なテストをして、その次はもう本番ですもん。そこからは大島さんの場、大島さんの時間になって誰にも止めることはできなくなる。

また、現場における臨機応変も鮮やかだった。こだわるところは徹底的にこだわるが、それが本質ではないと看破すると、それまでどれだけ入念な準備が重ねられていたとしてもあっさりと撮影プランは変更された。

たとえば、映画冒頭の収容所の壁をトカゲ（ヤモリ）が這うシーンでは、後に北野武の定番ギャグになるほど、トカゲの動きにこだわりを見せた。映画終盤のハラ軍曹がサンタクロースを任じてローレンスらに恩赦を言い渡す場面では、酒を飲んでいるハラのつまみとしてスタッフが用意した食物にとことんダメを出し、結局は大島監督自らがハラであれば生のトマトを丸でかじると決めるようなこともあった。

その一方、ヨノイの初登場シーンでは、脚本上では白馬に乗ってカネモトの処刑場へ現れる予定で、白馬も用意されていた。しかし、本番になって馬が撮影用のライトに脅えて言うことを聞かなくなるや、あっさりと徒歩での登場に切り替える。トカゲは絶対に必要だが、馬はそうではない。そういう現場における瞬時の判断が、張りつめた空気をつねに撮影現場にもたらしていた。

映画のプロデューサーであるジェレミー・トーマスはこう語る。

ジェレミー・トーマス　多くの映画監督と異なり、大島は常に「そうではない何かが入って来るように扉を開けておく人」です。例えばボウイがパントマイムで煙草を吸って、髭を剃るシーンです。あのシーンは脚本にはなかった。あれは、たまたまそのとき大島が撮影していて、あの映像を作品に組み込んだんですよ。あるいはボウイが花を食うシーンがあります。こちらは逆にボウイは当初は「花なんか食わない」と言っていたんですが、大島が「じゃあ、私自身がその花を全部、食ってやる」と言い出してから30分後、ボウイはついに花を食うことを承諾したんです。

作品の構想中、また撮影の準備中は大島との体験とヨーロッパやアングロ・サクソン系の映画監督と体験とでは大きな相違は感じませんでした。私はどんな場合でも現場の意志を尊重し、焦点を当て、あるいは集中してきたからでしょう。ただ、その過程にあって大島に変化があったとすれば彼は『戦場のメリークリスマス』の撮影中に英語で話すことを学び、後の『マックスモナムール』ではパリの撮影中にフランス語を学んだことかもしれない。それは海外のクルーたちとより良い仕事関係を築くには意義があります。彼は日本人クルーへの撮影の厳しさを海外のクルーに伝えることが出来るようになりました。

大島が時折爆発させる怒りの表現には、そういう映画監督であることを知っている日本人であっても緊張した。何も知らなかった外国人にとってはなおさらだ。

坂本龍一と北野武が映画への出演を承諾した際に「自分に怒らない、怒鳴らないこと」という一筆を取って撮影に参加したことは冗談でもなんでもない。

伊藤聡　基本的に大島さんは現場を緊張させたい人なので、いつもピリピリしている。話し方はとても丁寧で「成島さん、ここはどうされます」、キャストには「どうされます？見せてください」という柔らかい口調なのですが、なにしろ現場でテスト2回ですぐ本番だとみんながわかっているので尋常じゃない緊張感が高まってくる。その緊張感が高まりきったところで本番です。

大島さんのシナリオは基本的にどのシーンにも対立があり、それがドラマの構造になっています。『戦メリ』の場合はなおかつ文化や人種がちがう人間による対立がはっきりとした映画なので、緊張感のある中での対立の撮影を、大島さんはわくわくしながら撮っていたと思うんです。だからこそ「どうすればいいかなんてオレに聞くな」という態度になったのだと思いました。

大島さん自身も本番になるとどんどん高揚していきました。カメラの前でいま繰り広げられていることは大島さんにとっても初めて観るものだから、その興奮でカメラの横で踊るというか、悶えるんです。「よーい、はい！」って声もどんどん大きくなって、カットを告げるときの「はーーーい！」というときの迫力はすごい。迫力があり、チャーミングであり、ある意味エロティックな熱がこもっている。それがキャストやスタッフにも伝わって、さらにフィルムの一コマ一コマにも焼き付いているんです。

大島さんは本当にファースト・テイクしか受け入れられないようなところがあるので、NGを本当にいやがります。トム・コンティなどは何度も演技をして完成したいというタイプなので「もういちどやらせてくれ」ということがよくあり、これはさすがに大島さんも「ではどうぞ」といやいや認めてました。しかし、それ以外のやり直し、とくに技術的な問題でNGとなったときは、もう大変。スタッフが立ち直れないぐらいに怒鳴りまくって、現場が凍りついちゃう。

もうし～んとなって、誰も何も言えない、動けない。

そうすると、大島さんは、あれ、ちょっと怒りすぎたかなって風情をちらりと漂わす。そこがチャーミングなところなんですけど、それでようやくみんな「じゃあ、撮り直しましょう」となる。

一度、お酒を飲んでいるときに大島さんに「なんでそれほどファースト・テイクにこだわるんですか？」と聞いたことがあるんです。なぜリテイクをそこまで嫌がるのか、と。

すると、「やはり2テイク目になると、スタッフもキャストもみんな何が起こるかわかってしまっている。それに対する準備になってしまう。そうなるとパワーがどんどん落ちていってしまうから、どうしてもファースト・テイクで撮ってしまわなければならないんだ」というようなことをおっしゃってました。

それはたしかに原理ではあるんです。で

も、その原理を徹底してつらぬける監督なんて、大島さんしかいないでしょう。なぜみんなこの簡単な原理を守れないんだという怒りですから、そこはやはり迫力が出る。

もちろん、怒りの噴火をうまく切り抜ける人、もしくは被害には遭わない人がいるのも世の常だ。

ロジャー・パルバース　地震予知のナマズじゃないけど、監督って怒るときに予兆があって、怒る5秒前ぐらいから顎を震わせるんです。だから私は監督と話をするときは、いつも目じゃなく顎を見て話してました。あ、地震が来るぞ、怒るぞって顎が震えてきたら「次があるのでここで失礼します」って私は席を立つことにしていました(笑)。

この技を身につけてからは、逆にとても監督と仲がよくなりました。

臼井久仁子　私、怒られたことも一度もないんですよ。他のスタッフの方にはもうしわけないのですが(笑)。一度、映画の英文クレジットでスペルミスをひとつしちゃったことがあり、怒られるだろうなとひやひやしながら報告したのですが、「いいよいいよ、後から直させるから」だけで終ってしまいました。

ただ、『戦メリ』の完成後にPRで欧米に行ったときにインタビューの通訳をしたのですが、向こうの記者が「監督のいちばん好きな自作映画はなんですか?」というような質問があると、「そんな馬鹿な質問に答えられるか!」と怒鳴って席を立っちゃったり、そういうことはありました。

私はいそいで「ごめんなさい、あなたの質問は馬鹿げているって。怒っちゃいましたからこのへんで」と(笑)。

そうした大島監督の怒りの爆発や撮影現場での緊張、スタッフ同士の衝突などはあったにせよ、その一方で俗世からは隔絶されたようなラロトンガ島には、通常の大作映画のロケ地では考えられないような穏やかな日常が流れてもいた。

島内に一軒だけある宿泊施設のラロトンガ・ホテルは、ほぼ映画のキャスト、スタッフによる貸し切り状態になっており、部外者はいない。

これも、大島監督の直観が功を奏した結果だった。

撮影が開始されてすぐ、まだ日本人キャストが到着する前に、大島監督はすでに撮影現場であるこのラロトンガ島に、映画のキャストとスタッフ以外の人間、とりわけジャーナリストや取材クルーを受け付けることを断固拒否したのだった。

映画の撮影に入る前に、大島監督自らが取材を依頼した長年懇意のジャーナリスト、あるいはスポンサーであるテレビ朝日が宣伝特番の素材撮影のために派遣する取材チームなど、通常であれば断れるはずもない面々を、馬謖を斬る決意で立ち入り禁止を宣言したのだから、通常の取材者や芸能記者などが島に来れるはずもない。

なにしろ映画のスチールを撮るカメラマンさえ断って助監督兼キャスティング担当である上野尭にスチール撮影の役を割り振ったぐらいだ。

原正人　**当時は「宣伝のヘラルド」と呼ばれるぐらいヘラルドの宣伝部はやり手で、当然ラロトンガへも宣伝部のスタッフを送り込みました。**

ところがメイキングの映像が撮れないと言う。

大島さんと国際電話で話したら、多国籍のいろんな人たちでひとつのチームを作っているときに、中途半端にメディアのカメラが入ると雰囲気が壊れるからダメだと。あとから、大島さんがそう言いたくなるほ

ど現場の雰囲気はすばらしかったということを知ったので、まあ、しかたないのですが、後にメイキングのムービーなしで宣伝の特番を作るのに苦労しました(笑)。

この、撮影現場にはこの公式スチールのためのカメラ以外は、スタッフであってもキャストであってもカメラの持ち込み禁止という方針。これはときにトラブルを生みながらも現場の一体感を高めていくのに大きく寄与した。

とくに、世界的な大スターであるデヴィッド・ボウイや、日本では時の人として24時間視線を浴びていた北野武や坂本龍一にとっては、このラロトンガ島でのひとときは、人目を気にしない素の自分にひさびさに返ることができる夢のような時間でもあったのだろう。

臼井久仁子　ボウイは普段着のまま自転車に乗ったり車を運転したり、気さくに気ままに過ごしていました。本名のデヴィッド・ジョーンズに戻ったかのよう。

それでも終盤は退屈になったのか女性スタッフだけを集めて舞台版『戦メリ』をやろうって、演出をやってました。学芸会みたいなものですけど、それでも週に何回か撮影が終ってからみんなで集まってお稽古して、ラロトンガでの撮影の打ち上げパーティーのときに披露。私はヨノイ役を割り振られましたが、デヴィッドの演出が厳しいんですよ！　ちょっとまちがえただけで怒られちゃって。でも楽しかった。

スタッフたちは国籍や役割にかかわらず、全員が食事代と洗濯代＋雑費として週に１８０ドルが支給され、食事は監督も世界的大スターもみなでホテルの食堂で取った。撮影後は（海外ユニオンの厳しいルールで、一日の撮影の終わりから次の日の撮影開始までは最低10時間をあけなければいけないというものがあった）ホテルのバーで、みんなで酒を飲み談笑する。バーでは坂本龍一とデヴィッド・ボウイの即興セッションという、世の音楽ファンが垂涎するハプニングもしょっちゅう起こっていたらしい。

　また、ラロトンガのロケでの終盤には撮影チーム対ラロトンガの現地人チームでサッカーの試合も行われたほど、スタッフに一体感が生まれていた。

　むろん、楽しいことばかりではない。ラロトンガではさまざまな予期しないアクシデントが撮影チームを襲った。

　なかでもラロトンガ島での撮影の中盤である8月の終わりの嵐で、野外シーンの撮影スケジュールはずたずたになり、オープンセットのテントは壊滅するなど、天候のための予備日もゼロになるほど綱渡りの撮影となった。強風により、撮影を途中で切り上げる日も度々あったほどだ。

たとえばデ・ヨンの葬儀のシーンでセリアズがハイビスカスの花を食う印象的なシーンは8月27日に撮影されたが、この撮影のときは屋外では暴風が吹き荒れていたという。

　こうした決して順調とばかりは言えない撮影を支えたのは、古くから大島組にはせ参じていた古参のスタッフたちの執念とも言える集中力だった。

伊藤聡　戸田重昌さんは小林正樹監督の『怪談』で、気が狂ってると言われたぐらいの美術監督。成島東一郎さんも移動撮影が非常に特異な撮影監督。このふたりと大島さんが組んだ『東京战争戦後秘話』『儀式』はすばらしい映画ですけど、たぶんあれらの映画でも、撮影前に三人でここはこうしよう、こう撮ろうというのは一切打ち合わせてないと思うんですよ。

　戸田さんはロケーション撮影でさえ自分

が手を加えてない部分は撮らせないようなになるから」美術監督で、電信柱を黒い布で覆ってしまうとか黒い日の丸を用意するとか、絶対になにかやってくる。

『戦メリ』の病棟兵舎がなぜか温室をモデルにした建物だったり、すごく不思議なヴィジュアルを作る。あの病棟は温室じゃなきゃいけないんだという強い確信があって、いくつもの温室の資料写真を集めて、ああいうオープンセットを組んでしまう。

成島さんは成島さんで、とにかく自分の撮りたい絵を執念で撮る。目を爛々と輝かせながらアングルを決めて、レールを引いて長回しをする。色も独特ですよね。成島さんの絵の色は減感といって、感度を落とした現像方法で作っているのですけど、そこにも非常に強いこだわりがある。

こんな三人が不思議なバランスで映画を撮っているんです。大島さんが戸田さんや成島さんの才能なり技術をコントロールしている感じではない。「好きにやってけっこう。オレも自由にやるから」って三人が三人とも思っているような節がありました。

むろん、軋轢もあった。

伊藤聡　たけし演じるハラ軍曹が昼寝をしているところに、トム・コンティのローレンスがやって来て、話しているうちにセリアズの到着を告げられるというシーンがあります。あのシーンのセットはハラの部屋という設定のセット。奥行き20メートルぐらいある大きなセットで、たけしの背後にはマオリ族の大きなカヌーなどが吊ってある非常に凝ったものだったんです。

ところが成島さんはこのシーンでセットの床しか映していない。大島さんがこのシーンはワンカットで行くことに決めて、カット割りがなくなり床以外が写らなくなってしまったんですね。

ふつうだったら考えられない。さすがに美術部の人は荒れましたね。

このシーンのためだけのセットで、すくなくとも一週間以上かけて建て込んでいるわけで、さすがに戸田さんもむっとした顔はしてましたけど、それで終わりなんです。他の映画だったら大問題です。

大島さんの映画らしい事件でしたね。

この三人が現場で顔をを合わせることはほとんどありませんでした。戸田さん率いる美術部はセットができてしまえばあとは宴会。ボウイが生き埋めにされるシーンは生き埋めの仕方とか砂の様子もデザインの中に入っているので来ましたけど、それとラストシーンぐらいかも。

ただ、この三人が現場を動かしているのだ、この映画はこの三人で作っているのだということは、スタッフはもちろん、キャストも全員わかっていました。坂本さんもたけしさんもボウイもはっきりわかっていた。

実際に坂本さんは撮影が終わったあとに「あの三人には絶対にどこか暗黙の了解がある。だけど、それがどのあたりにあるのかわからない」とおっしゃってましたね。


外国人スタッフとも同様だ。その軋轢をうまく中和し、撮影現場という船をスムーズに進めるのが自分の役割だと自覚する一部のスタッフがいなければ、『戦場のメリークリスマス』という映画のプロジェクトは途中で瓦解していたかもしれない。

ロジャー・パルバース　美術監督のアンドリューはとてもすぐれた感覚の持ち主ですが、大島さんとはちがうメソッドや方法論を持っている。撮影現場で、アンドリューが「このシーンはこうしたい」とよく言うんですよ。私が大島監督に日本語にしてそう伝えたら「バカ野郎」と。「え？」「バカ野郎って言えばいいんだ」って怒ってる。なので私は英語でアンドリューに「ベリー・グッド、どうぞそうしてください」と(笑)。通訳って忠実にやりすぎると人間関係を壊すので、ま、そういうこともありました。

トム・コンティはとてもすぐれた俳優だけど、オーソドックスな演出や演技を得意としている人なので、最初は大島さんのやり方にとまどっていたかもしれない。とにかく私は彼に演技に関して聞かれても「思う通りにやればいいんじゃないかな」としか答えようがなかった。

彼には日本語の発音も教えました。彼は耳もとにかくよくて、猛練習するからどんどんうまくなる。あるシーンでは彼が日本語で2分近くしゃべるカットがあるけど、それも一発OK。監督はじめみんなが拍手して、ある日本人スタッフなんかは感激して彼に「あなたの日本語はすばらしい。こんなにすぐしゃべれるようになるなんて！」と。トムはぽかんとして私に「彼、なんて言ってるの？」(笑)。このときは私もうれしかった。練習と演技の力だけで本当に日本語ができる人と日本人に思われたのですから。

9月の半ば、映画のクライマックスである収容所前での群衆シーンとヨノイとセリアズの抱擁のシーンが撮影された。

数百名の連合軍俘虜たちは厳しい収容所生活のために痩せ衰えている。彼らのほとんどはニュージーランドで募集されたエキストラで、首都オークランドのホームレスがほぼ全員応募してきたために、俘虜にぴったりの体型のエキストラが集まった。また、ヨノイに強制的に引き出される傷病兵には、ニュージーランドやラロトンガ島の身体障害者がエキストラとして採用された。手足が欠損した身体障害者を映画に起用するというのは欧米では当然であっても、日本ではなじみがなく、それに衝撃と感銘を受けた日本人スタッフも多くいたという。

このシーンは、最終の脚本上ではヨノイはただ傷病兵の引き出しに反対する捕虜の医者を打擲するだけになっていたが、すでにヨノイの魂が乗り移っていた坂本龍一はアドリブで傷病兵たちに突進し、彼らを嘘つき呼ばわりしながら突き倒していく。大島監督も予想もしなかった青年将校の狂気の表現に現場は圧倒された。

そして、セリアズとヨノイの抱擁は翌9月15日の朝に撮影された。

伊藤聡　**坂本さんとボウイのキスシーンのあのスローモーションは誰も意図しない事故でした。フィルムの横にはパーフォレーションという穴があって、そこにカメラの歯車がはまってフィルムが回転して絵を撮っていく。それが事故を起こした。要するにカメラの中でスムーズにフィルムが回らなかった。1秒24コマが通常のコマ数ですが、パーフォレーションに歯車がうまく引っかからなくて、24コマのうちちゃんと映っているコマが8コマしかない。三分の二が使えないコマだったんです。**

当時、こんな事故が起こるのは二万回か一万回に一回の確率だとカメラやフィルムのメーカーは言うんですけど、気づいたのは現像してからだからもうどうしようもない。いまだったらデジタル技術で修復可能なのかもしれませんが、当時は無理。

しかたがないから生きているコマだけをつないでみたら、不思議なスローモーションになった。規則正しくコマが抜けているわけではないから、カクカクとしたコマ落

としのような効果になってるんです。

ぼくたちがものすごくついていたのは、事故が起きたのがあのシーンだから。その前後の歩いているシーンやボウイが兵士たちに殴られるカットでは、あんな映像になったらもう使えない。

これは『戦メリ』という映画が神懸かり的についていたということなのじゃないでしょうか。

あの効果的なキスシーンの映像もあってこそ、当時たくさんの女性の観客の支持も得られたわけですし。

箝口令まではいかないですけど、当時はそういう経緯は伏せておこうという雰囲気に自然となりましたね。


このシーンの撮影の後、大島監督とプロデューサーのジェレミー・トーマス、そしてキャスト、スタッフ、エキストラを交えて記念撮影が行われた。大きな山場を終えたのだ。

ロジャー・パルバース　監督とデヴィッド・ボウイの間の通訳もやりました。大島監督は外国の俳優ときちんとした話をするときは必ず私を呼んで誤解の生まれないようにしました。ボウイも最初は大島監督がどういうスタイルでこの映画を撮ろうとしているのかがよくわからずに躊躇するところもあったようですが監督とじっくり話すことでうまく理解できたようです。
彼は『戦場のメリークリスマス』以前にニコラス・ローグの『地球に落ちてきた男』に主演もしているし、大島監督の映画もよく観ている映画通。大島監督の過去の映画でプロの俳優ではないパフォーマーを起用して効果を上げていることはわかっていて、ボウイもあえて自分の好きなように演じることにした。監督もボウイにはいちいち指示しないで好きなようにさせて、それでデヴィッド・ボウイという人間の持つすごいオーラをそのまま映像に映していったんですね。彼がコンサートで出しているようなオーラを。

ボウイの相手役の坂本龍一さんも、同じ音楽の世界ですごいオーラを放っているパフォーマーだから、あのふたりは最初からうまくかみあって片やイギリス人、片や日本人であっても以心伝心で素晴らしく絡んでいった。大島監督はそれを見て非常に満足したと思います。敵同士の間に生まれる不思議な緊張や愛情がまさにそこに生まれていたのですから。

デヴィッド・ボウイが首だけ出して埋められる有名なシーンがある。あれも、砂に穴を掘ってそこに椅子を置き、俳優はそこに座って撮影されるのだけど、やはり埋められているわけだから非常につらい。本番以外でボウイを埋めて（身体の周りには当然砂はないけれど）照明合わせとかさせられない。照明や構図が決まるまで、私が代役で埋められて、暑いし苦しいし、顔の周りにでっかい蛾が寄ってくるしで大変でした。

私はそういう役を4時間も5時間もやって、本番になると涼しい楽屋のトレイラーからボウイが出てきて、私と替わって数分演技して「お疲れさまでした！」と。ああ、次にやるなら助監督じゃなく俳優をやりたいなと思いましたね(笑)。

あのあまりにも印象的な映画のラストシーンはそれに先立つ9月10日に撮影された。早朝5時からの撮影だった。

伊藤聡　成島さんで印象的だったのはラストのローレンスがハラを訪ねる監獄のシーンの撮影です。

成島さんは涙を流しながら撮影をしていましたが、最後の「メリークリスマス、ミスターローレンス」というセリフのカットを撮るときはもう本当に泣いていました。

あそこはレンズの選択も含めてすごい撮影でした。まずサイズがすごい。たけしの顔がまんまるい赤ん坊のような顔になって、あのサイズとレンズというのは成島さんならではのなせる業だったと思います。

もともと成島さんは人間が大好きで人に感情移入をして撮るタイプのカメラマンなのですけど、あのときはそれまでいちばんエモーショナルになったんじゃないかな。

大島さんもあのときは一度撮ったあとに「もう一度お願いします」とリテイクを撮っていました。

やはりあのシチュエーションで言う「メリークリスマス、ミスターローレンス」というセリフって、なかなかニュアンスが難しいので、大島さんも思うところがあってのリテイクになったのでしょう。

この撮影には戸田さんも来ていました。ハラとローレンスが収容所で酒を飲んだ思い出話をしますが、あそこのところは本当にお酒を飲んでいるようにワンカットごとにたけしの顔が微妙に赤くなるんです。あれは事前の打ち合わせはもちろんなしで、あの場で戸田さんがメイクのアンソニーにそうさせていました。「彼は酔っていくんだ」と。

大島さんはそれをダメとも言わないし、いいとも言わない。現場でそうやって作っていくのが大島組のスタイルなんですね。

あのラストシーンが終わったあと、成島さんだけでなくスタッフみんながエモーショナルになっていました。メイクのアンソニーのアシスタントの女の子は、感激のあまり次の日にたけしさんと同じ丸坊主になってみんなの前にあらわれて、ホテルの大食堂中が拍手に包まれたのをよく憶えています。あれはすばらしい瞬間でした。この映画はうまくいくぞっていう実感をみんなが感じていたんです。

ロジャー・パルバース　トムは、とにかくたけしさんの演技を褒めていました。ラストシーンの撮影が終ったとき、彼は「ちょっと言いたいことがある」と。「ぼくはたけしほどすばらしい俳優と仕事をしたことがない」ってみなの前で言うんです。

この撮影の翌朝、メイクアップ・アーティストのロビン・ピッカリングは、自分の頭をハラと同じ剃髪にしてホテルの食堂に現れ、満場の拍手を浴びた。スタッフ、キャストはすでに一心同体のチームになっていたのだ。

ちなみに、この後に北野武の最後の撮影の、捕虜を連れて飛行場建設地に赴くシーンが撮影されたが、北野の頭には軍帽からはみ出ているところだけ人工の髪の毛を接着して撮影が行われた。撮影の合間に北野武がおどけて帽子を脱ぐと見事な河童頭状態で撮影現場は爆笑に包まれたという。

ラロトンガ島での撮影は9月17日に予備日1日を残すのみという余裕のない状態ながら、からくも終了した。最後のシーンは過去の女性との出会いと、弟との思い出を語り終えたローレンスとセリアズが独房から引き出されるシーン。そしてセリアズを殺しに来たヨノイの副官のヤジマが返り討ちに遭うシーンだった。

これらのシーンをつつがなく撮り終えた大島監督は、次々と抜栓されたシャンパンをグラスに注ぎ、「キャメラが回らなかった日が一度もなく、しかも予定より一日早く終わるなんてことはほとんどありえないことだ！　信じられないほどうまくいった！」と上機嫌でスピーチをした。

撮影は、オークランドに移り、いよいよ佳境を迎える。

オークランドでは実際の刑務所や市議会庁舎などでセリアズが裁かれる軍律会議のシーンと、郊外でのセリアズの過去の回想シーン、そしてローレンスの女性との回想シーンが撮影された。

ローレンスと女性（ニュージーランドの女優）は湖畔のホテルを舞台にエロティックなラヴ・シーンも演じた。

しかし、最後の編集段階で「この映画の出演者は男だけのほうがいい」という監督の判断で全面的にカットされてしまう。

ロジャー・パルバース　この映画の仕事でいちばんつらかったのは、トム・コンティの回想シーンでベッド・シーンまで演じたローレンスの恋人役の女優に謝罪の手紙を書いたこと。「あなたの演技はすばらしかったけれど、残念ながらあなたが出演したシーンはカットされて映画には入らなくなりました」というもの。返事は来ませんでした。

このローレンスの回想シーン以降は、トム・コンティ、坂本龍一など主要キャストが全撮影を終えて次々と帰国する中、デヴィッド・ボウイの撮影が主となった。

ロジャー・パルバース　ボウイはラロトンガでは一般人はホテルにも現場にもいないから自由に気楽にふるまっていたんです。ところがオークランドではそうはいかない。なにしろスーパースターですからホテルも本名ではなく偽名で、私たちとはちがう高級ホテルに泊まり、オフの時間も自由自在に街を歩いたりできない。それで、あるとき私とボウイのふたりでバーで飲んで話を

していたときですが、近くを若い女性が通りかかって興奮してこちらを指さすんです「こんなところで会えるなんて信じられない！」ボウイはうんざりした顔で立ち去ろうとしたんです。ところが彼女は「あなた、ロジャー・パルバースよね！　ここで何してるの？　こちらはだれ？」

　これは私の人生においていちばんハッピーな出来事だったかもしれません(笑)。


　そのボウイも10月6日にオークランド郊外の屋敷の庭園で、弟との和解を果たす幻想シーンの撮影を終えて、その夜には住まいのあるニューヨークに向かう便に乗った。

　翌10月7日には少年時代のセリアズと弟のシーンを撮影。いよいよ映画のクランクアップだ。最後の日曜学校のシーンを本番一回でＯＫとし、大島監督は主要スタッフみなと堅い握手を交わした。

　その夜の打ち上げパーティーでは再び盛大にシャンパンが抜かれ、大島監督は「私はいま世界でいちばんしあわせな監督です」と顔をほころばせた。

　日本人、外国人の区別なく、みな笑い、泣き、ハグが続いた夜だった。

　いまも残る「撮影スケジュール表」の最後のページの裏に、こんな書き込みが残されている。


今回のプロダクションは今までに参加したものの中でも、最も楽しいものとなりました。多国籍スタッフ・キャストの皆様にお礼申し上げます、またお会いすることができますように。

ジョイス・ハーリー（製作進行）

インタビュー　ピーター・バラカン

ラロトンガで見上げた星空は忘れられない

1980年の末にYMOの事務所のヨロシタミュージックに入社しました。

YMOや教授（坂本龍一）の音楽を海外に売るための契約業務などを手がけるためです。彼らの著作権の海外での管理。ただ、レコード契約というのはなかなか難しくて、実際にぼくができたのは、教授の『左うでの夢』というアルバムをオランダの小さなレコード会社から出してもらったことぐらいだったかもしれません。

また、事務所で英語ができるのはぼくだけだったので、英語が必要な業務もすべて回ってきました。『戦場のメリークリスマス』のロケーション撮影に、教授の付き人として一緒に行ったのもその一環です。ミュージシャンが動けば必ずマネージメントの誰かも付いていくわけで、日本国内だったらべつの人だったけど、英語が必要な現場ではぼくが行くしかないです。

その話が来たときは、ラロトンガが1か月半、ニュージーランドのオークランドは2週間というけっこう長期間で、そんな長旅をする機会はあまりないので興味を持ちました。

そして映画の撮影現場を体験するということにも好奇心が刺激されましたね。

1982年8月に到着したラロトンガ島の第一印象は南国に来た！　というものでした。

この到着のとき、なによりも印象に残っているのは税関での出来事です。

なにしろ長旅だからひんぱんに洗濯をしなきゃいけないだろうと、洗濯洗剤を持っていったんです。旅行用のもので、小分けしてビニール袋に入っているもの。

それを税関の係員が見つけたんですね(笑)。この白い粉はなんだと。

洗剤と言っても疑われて、その係員が袋をひとつあけて指につけてなめたんですよ(笑)。それでようやく疑いが晴れて入国できました。

ラロトンガは住人が1万人ほどのすごく小さな島で、とてものんびりした雰囲気の島でした。

撮影隊が泊まったラロトンガ・ホテルはけっこう広めの南国によくあるタイプのリゾート・ホテル。プールがあり、個室のヴィラがありという。当時はそこが島で唯一のホテルということでした。だから監督、スタッフ、俳優、みんなが同じホテルに泊まったんですよ。

ぼくの島での毎日はいつも朝早く起きて、教授と朝ごはんを食べたら車を運転して撮影現場に連れていく。明るいうちはずっと撮影なので現場で待機していて、終わったらまた車でホテルに連れて帰る。この繰り返しです。

ホテルに着いたら、ぼくはだいたいひとりでホテルの外のレストランに晩ご飯を食べに行ってました。レストランは島内に5〜6軒あったけれど、料理の種類はあまりない。それでもタロイモの揚げ物とかおいしかったな。

島にはお酒が飲めるバーもありました。レコードをかける人がいて、お酒を飲んだり、ちょっと踊ったり。かかっていた音楽は当時ヒットしていたダンス系の音楽だったと思います。

撮影に関しては毎日同じ場所で同じ人たちと撮影して暮らしているわけだから、捕虜収容所と似た空気だったかもしれません。

大島さんが怒鳴るところはしょっちゅう見ました。ぼくが見た印象では、突然なにかに激怒するというよりは、つねにカッカしている感じ。短気だし、テンションが高い。後年のテレビのトーク番組での姿と同じ印象でしたね。周囲の人たちは疲れたと思います。

教授が撮影している間は、ぼくはたまに飲み物を運ぶぐらいしかすることはないので、かなり暇でした。

それで、撮影現場の様子を見ていると、あきらかに通訳の人数が足りていない。監督はじめスタッフの半分ぐらいが日本人で、もう半分は英語圏のニュージーランドやオーストラリアの人たち。第一助監督もニュージーランド人で、彼が撮影現場を動かす役目。ただ、クルーを動かそうにも日本人スタッフが日本語で話していることがまったくわからなくて困っている様子でした。

そこでぼくはリー・タマホリというその助監督に、ぼくは暇だし、なにか手助けが必要だったらいつでも言ってくださいと声をかけたんです。

そうしたら、大島監督と撮影監督の成島さんの会話を聞いて、私に教えてください、と(笑)。でもそう言われても、あのふたりの会話を盗み聞きするわけにもいかない。そこであるとき意を決して大島さんに「大島さんたちの会話が理解できないから、リーはクルーに指示を与えることに困っているみたいですよ」とお話ししました。

休みの日はどれぐらいあったろう? 休みでも行くところはないし、ぼくは泳ぎや釣りもしないので、本を読むか音楽を聴くかぐらいしかなかった。

音楽は自分で編集したカセット・テープを1本か2本持っていっただけ。出発直前に手に入れた新しいレコードから曲をダビングして持っていったんじゃなかったかな。スピーカー付きの携帯カセット・プレイヤーを持っていって、それで聴いてました。

ラロトンガでの撮影が終わって、次はオークランドでした。ここでジャワ・バタヴィアのシーンが撮られたんですけど、そこでぼくは一瞬だけ出演しています。実はラロトンガでも、収容所の捕虜たちが全員集合させられるシーンで捕虜役の中にいたんだけど、ぼくが映ったカットは映画で使用されなかった。なぜバタヴィアのシーンでも出演することになったかというと、ぼくの服装のため(笑)。

実はラロトンガに行くちょっと前に、ぼくは女房と夏休みをバリで過ごしたんです。バリは暑いから現地でだぼっとした薄手のコットン・パンツと東南アジアでよく被られている三角の笠を買って使っていたんです。ラロトンガにもそれを持っていって毎日その格好をしていた。

バタヴィアの撮影場所の建物の前は市場という設定になっていて、ぼくはそこにエキストラとしてインドネシア人として出演したんです。ただの普段着ですが、ぴったりだったんですね。

そういえば、ラロトンガでその格好をしていたときに、ある時撮影現場でデイヴィッド・ボウイから「いいセンスだね」って褒められました。あの一言は嬉しかったですね(笑)。


ラロトンガでもオークランドでも映画の撮影って、思わぬトラブルも含めて毎日いろんなことがあるから、長期間だけどぼくは飽きなかった。おもしろかったですよ。身体を使って仕事をしているから、一日の終わりの疲れが気持ちいいんです。東京では身体よりも頭の疲れのほうが激しい。とくにラロトンガは空気もきれいだし、気持ちのいい毎日でした。

オークランドもニュージーランドの中では大きな都市だけど、それでも車で15分も走れば自然がいっぱいで、北海道みたいな気持ちのいいところでした。

そしてオークランドではケータリングが抜群で、毎日のお昼ご飯が本当に楽しみだった。

ロケ期間中の思い出は、あるときラロトンガ・ホテルのプールに洋服のまま突き落とされたこと。みんなでお酒を飲んで盛り上がっていたときです。

あと、捕虜収容所のセットはすごかった。最初はもとからあった建物や敷地を利用したんだと思ってたけど、あれはジャングルを切り開いていちからすべて作ったんですよね。すごい迫力だった。

そうやって毎日同じ人たちと仕事をしてるから、仲間意識がだんだん芽生えてくる。撮影が終わって帰国するときはさみしい気持ちになりました。

日本に帰ってきて、試写で見た完成した映画は、同じシーンでも撮影現場で見ていた風景とは全然ちがう印象で、まずそれに驚きました。当然、撮影した順番も完成した映画とはまったくちがうわけだし。内容的には、なんと変わった映画だろうと思いました。とても好きなところと、よくわからないところが両方あって不思議な感覚です。ただ、教授の音楽はとにかくすばらしい。

役者としては本職じゃないのによくがんばったと思います。でも、あのお化粧には当時もいまも違和感があります(笑)。

デイヴィッド・ボウイの演技はぼくが見た彼の映画の中ではいちばんいいと思います。

それとトム・コンティの日本語のセリフもすばらしかったですね。てっきり彼は日本語を覚えてきて意味を理解してしゃべっているんだと思ったのですが、音で暗記してるだけと知ったときは驚きました。

そして教授の映画音楽はレコードにもなって、この映画の音楽で、教授は初めて海外で本格的に注目されたと言ってもいいと思います。

いま振り返るといちばん印象に残っているのはラロトンガで寝そべって見た美しい星空でした。夜ごはんを食べて、お酒を飲んだ後はなにもすることがない。ただ星空を見ていた。肉眼でこんなに星が見えるんだというすばらしい体験でした。あの星空を見るためだけに、もう一度ラロトンガに行きたいぐらいですね。

戦場のメリー・クリスマス
(株)大島渚プロダクション

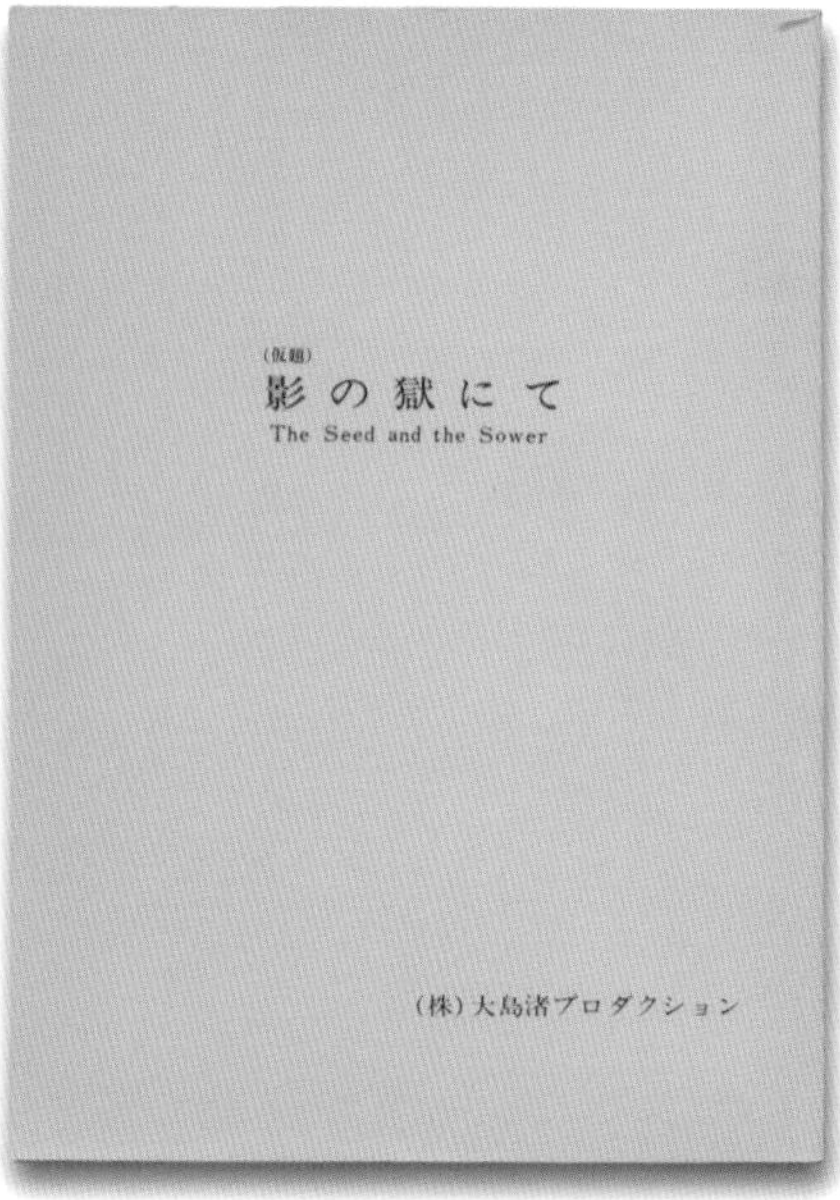
(仮題)
影の獄にて
The Seed and the Sower
(株)大島渚プロダクション

戦場のメリー・クリスマス
(仮題)
(株)大島渚プロダクション

戦場のメリークリスマス
(株)大島渚プロダクション

戦場のメリークリスマス
(株)大島渚プロダクション

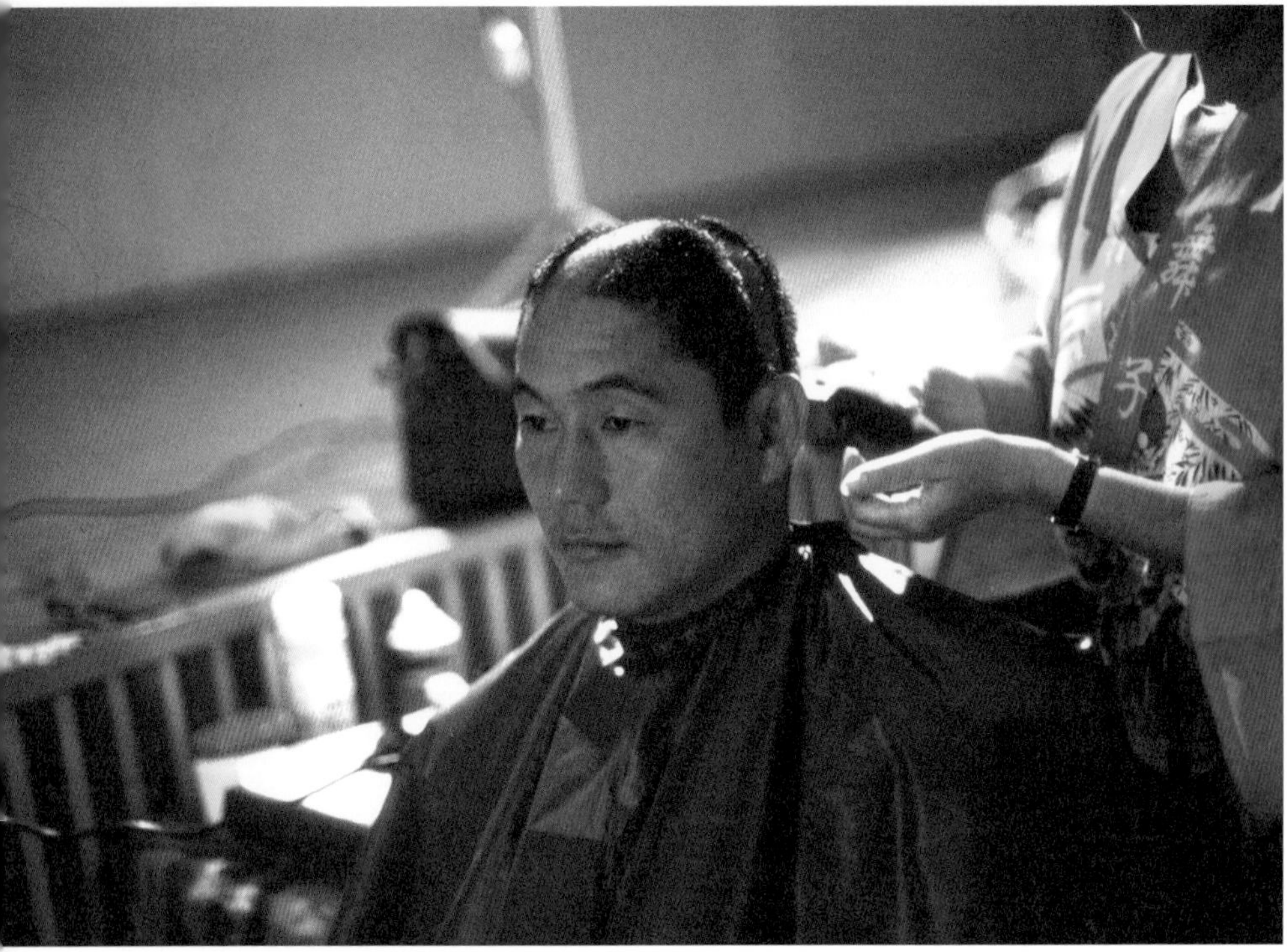

PANAVISION
PANAFLEX
4

ISSN 0028 6362
US $1.90 (by air)
40p
MUSICAL
EXPRESS
BY CHRIS BOHN
"EXTRAORDINARY"
"SUBTLE, RICHLY HYPNOTIC"
"FILMED WITH DUE BRILLIANCE"
NAGISA OSHIMA
DAVID BOWIE
TOM CONTI
RYUICHI SAKAMOTO
TAKESHI
JACK THOMPSON
Merry Christmas Mr Lawrence
WEEK IN VIEW
The Samurai looks West
Films

走れ、走れ、日の下を
走れ、月夜の光の中を
走れ、走れ、夜を抜けて
はるか彼方に火が燃える
長い年月を待ちわびた者がため

「ライド・ライド・ライド」歌詞
作：ローレンス・ヴァン・デル・ポスト
訳：由良君美　富山太桂夫
『影の獄にて』（思索社：1978年）より

インタビュー　坂本龍一（ヨノイ大尉　音楽）

サウンドトラックの音楽に関しては、すべての撮影を終えて日本に帰ってきてからスタートしました。映画のラフ編集ができあがってからみんなで観てみて、その後にこれを元に音楽の打ち合わせをしましょうと、大島監督とご飯を食べに行きましたね。

そのとき、ぼくは映画のどのシーンにどのような音楽を入れるべきかっていう案を書きだして持っていきました。大島さんも、同じような案を持ってきていた。それをお互いに突き合わせてみたら、なんと9割方が同じ案でした。偶然のようで、これは偶然じゃないですよね。大島さんも我が意を得たりと喜んでくださって、じゃあ、もうあとは好きにやってくれとまかせていただいた。

そう言ってもらえて喜び勇んで録音スタジオに入って、まず最初にメイン・テーマを作り始めました。まず映画のメインとなるテーマを作り、それに準ずるテーマを4つぐらい作っていった。映画では主要なキャストが4人いますから、その4人のテーマをまず作り、それぞれがストーリーの進行に合わせて絡み合っていく。物語の進行に合わせてそれぞれのテーマを変奏しながら使っていったんです。

メイン・テーマに関しては、わりと理詰めに考えて作りました。まずは「クリスマス・ソング」であるべきだろうということ。世の中には有名なクリスマス・ソングがいっぱいあります。それらを念頭に置いた上で、この映画らしいクリスマスの曲を作ろうと思ったんです。映画の舞台が南洋のアジアで、ストーリーも非常にオリエンタルというかエキゾチックなところがある。東洋の人間と西洋の人間の間での、わかりあえる部分、わかりあえない部分、通じるところ、対立するところが複雑に絡み合ったストーリーの映画。なので、東洋人が聴いても西洋人が聴いてもエキゾチックに聴こえるクリスマスの曲にしようと思ったんです。

ただ、これはけっこう難しくて、単なるアジア音楽では西洋人にとってはエキゾチックでも、アジアの人間にとっては普通に日常にあるものですから、普通の音楽にしか聴こえない。東洋人からも西洋人からもエキゾチックに聴こえる音楽はどういうものかをまず考えて、それをさらに主要なテーマであるクリスマス音楽に沿ったものにしなければならない。

非常にエキゾチックな感じにしつつ、クリスマス音楽なのだからメロディには鐘の音のような音色を使ってみようとか、試行錯誤を重ねながら作っていきました。

音楽の制作期間は当時はもちろん、現在の基準でも異例なほど長くとってもらえました。3か月ぐらいかけて作ることができた。なにしろ初めての映画音楽なので、それまでの自分のソロ作品を作る上でこれぐらいの期間が必要だろうとお願いしたんです。そのため自分のペースで作ることができた。珍しいケースでしょうね。

もともと、大島監督がぼくをキャスティングすると言っているという噂がまず耳に入ってきたんです。でもまあ、噂だし、半信半疑でいた。ところがある日、事務所に大島監督から電話がかかってきて、ぼくに会いたいと言う。じゃあ、あの噂はただの噂じゃなかったのか⁉ と、当日はどきどきしながら事務所で大島監督を待っていた。で、窓から覗くと、本当に大島さんがこちらにひとりで歩いてこられるのが見えたんですよ。台本を脇に抱えているのも見えた。

それでいらっしゃった大島さんにご挨拶したら、いきなり映画に出てくれ、と。

こっちはもうびっくりしちゃって、だって映画に出演した経験どころか、役者としての経験もこちらにはないし、それを言っても、かまわないと。

で、自分でもそれまでそんなことを考えたことはなかったのに、じゃあ、音楽もやらせてくださいってお願いしちゃったんです。もちろん、映画音楽を作った経験もないんですよ。

でも、大島さんは即座に、わかりました。お願いしますと。役者に加えて映画音楽という経験したことのない仕事がダブルとなり、つまりリスクが2倍になったのだけど、ぼくはもううれしくて「ぜひやらせてください!」と応えて決定しました。いま考えても、引き受けるほうも引き受けるほうだけど、そんなリスクをあえて取る監督もすごいなあと、つくづく思います。

演技経験が自分にはないことはわかっているけど、やはり若かったから、自分にもきっとできるだろうと思ってました。

そしてなにより自分は10代のときから大島監督の映画の大ファンで、10代の頃に憧れた大島さんと一緒に仕事ができるなんて、それ以前は夢にも思っていなかったんです。音楽を通してならひょっとして可能性があるかなとは思ったこともありましたが、まさか役者としてかかわることを請われるなんて想像もしていません。でも、尊敬する監督が役者をやれと言うのだから、光栄だし貴重な体験になることはまちがいないので、断るという選択肢は最初からありませんでした。これは後年、ベルナルド・ベルトルッチ監督と仕事したときも同様です。

10代のときから憧れていた映画監督が新作の台本を持って自分の目の前に座っているという状況に、ちょっと非現実的な感じがしました。やはり、イメージどおりで、ちょっと怖い感じはしましたね。余計なことは一切おっしゃらないし。

台本をもらって読んでも、そんなに大事とはとらえていませんでした。なにしろ映画作りのイロハのイも知らない素人なので、なにも怖くない。役作り以前に、その頃に伸ばしていた髪を切らなきゃいけないとか、居合い、剣道の型を習わなきゃいけないと言われて、7~8回稽古に行ったのかな。そちらのほうが大変だったですね。軍事教練というのもあったんですよ。都内の六本木近くの公園で、日本兵役の人間を集めて、兵隊の扮装をして匍匐前進とか旧日本軍風の行進の練習。撮影監督の成島東一郎さんが教官になって、旧日本兵らしく見えるための教練があったんです。

もちろん、ぼくも一緒にです(笑)。ぼくの父は軍隊に行っているので、昔の軍人がどういう所作で振る舞うのか、どう敬礼するのかとかは父に聞いて自分でも練習しました。でも、教官の成島さんはこわかったなあ、声も大きいし。ぞっとするような大声で号令をかけるんです。成島さんも軍隊に行っていたのかな。やじ馬も多くて大変でした。

役作りというか、役者って大変なんだとわかったのはロケでラロトンガに行って、撮影現場に入ってからですね。まず、役者ってセリフを憶えなきゃいけないんだ！　ということを知って驚愕したんですね。ぼく以外はみんなセリフを憶えてるの！　って(笑)。

ラロトンガで撮影シーンのうち、いちばん印象に残っているのはトム・コンティと相対してセリフのやり取りをした葬式のシーンです。なにしろ相手のトム・コンティはシェークスピア俳優ですから、演技力で太刀打ちできるはずもない。そもそも、こちらは演技は真剣勝負なんだという自覚もまだなかったから、トム・コンティがリハーサルにはなかったアドリブの演技を仕掛けてくると、もう、こっちは慌てちゃうわけです。なんだなんだ？　ってドギマギして対応できなくて、何度もNGを出してしまい、申し訳なかった。

最初はこちらが素人だから、トム・コンティにいじめられているのかと思ったぐらい(笑)。そういう本番での丁々発止でシーンの緊張感を高めて、全員の演技の質を高めようとしてたんですね。

大島監督は、なにしろ撮影中に役者やスタッフをどなりつけるというのは非常に有名でしたので、ぼくとたけしさんは、あらかじめ、ぼくたちはプロの俳優じゃないので、演技に関してどなられても困ります。どなられたら日本に帰りますって、あらかじめ宣言しておいたんです。これ、冗談じゃなくて本当のことです(笑)。

撮影中は、そんな約束をさせて申し訳ないなという気持ちにはなりました(笑)。本当はぼくやたけしさんをどなりたいんだろうけど、あ、がまんされてるなってわかるんです。

大島さんは、役者が演技をしようとするとどなるんです。「演技をするな」「お前のくさい芝居なんて誰も見たくないんだ!」って。プロの役者はやはり演技をしちゃうじゃないですか。演技してなんぼの職業なんだから。でも、監督は明らかに演技だと見えるものはきらいなんです。ただカメラの前で自然にそこにいればいい、と。本当に生の素の瞬間をぱっと捉える。だからそこは大島監督のワン・テイク主義につながるところだと思います。そういう様子を見て、大島さんがぼくやたけしさんを起用したのはそもそもしようと思っても演技なんかできない素人だからこそなんだと気づきましたね。

ぼくは音楽家だから、わりと共通する感覚もあります。ミュージシャンを集めてレコーディングするときに、スタジオで最初にみんなで演奏してみて、やっぱり最初は演奏に綻びがあるところもあるので、2回3回とテイクを重ねる。そうするとミスはなくなるのだけど、最初のテイク・ワンにあらわれていたオーラや存在感というのが、回を重ねるごとにどんどん消えていってしまう。

そういうミスはあってもオーラのあるほうを使うか、ミスはないかわりにオーラのないほうを使うかは監督やプロデューサーごとの考え次第で難しい選択だと思うんです。ミスがあっても編集やその後の段階で直せるところもあるので、大島さんはテイク・ワンを選ぶ。音楽でも、なんのミスもなくて完璧だけど、つまらない演奏というケースがあるので。たぶん、それと同じことなんでしょう。

ラロトンガで会ったデヴィッド・ボウイは、本当にフランクで自然につきあえる人だったんです。すごく気さくで、一緒にご飯を食べたり、お酒を飲んで話したり。ラロトンガではほかに行くところもなくて、みんな撮影現場とホテルで集団行動なんですけど、それもあって話す機会がすごく多かった。ホテルでご飯を食べたあとに、食堂に置いてあるドラムをぼくが叩き、ボウイがギターを弾いて歌ってというセッションしたりとかすることもありました。そういうときは古いロックンロールを歌ってました。

そういうこともあって、撮影が終わったあとにぼくの作るサウンドトラックにボウイも参加してほしいって声はかけたんですけど、彼は「自分はこの映画に関しては役者としてだけかかわりたいので、音楽には参加しない」って言われました。

そしてその後、カンヌ映画祭で主要キャストがみな一堂に会して再開を祝したんですけれど、カンヌでのボウイは撮影中の気さくなボウイとはまったく人がちがって、完璧なスターの趣きでした。スーパースター。ぼくはちょっとゾッとして、この人はいったいいくつ人格を持っているんだろうかってこわくもなった。この完璧なスター然としたボウイが素のボウイなのか、ラロトンガでの自然に振る舞っていた彼のほうが素なのか、本当にわからなくなって、スターってすごいなって思いましたね。

ぼくは同じミュージシャンだけど、自分を客観的にとらえても素のぼくとミュージシャンのときのふるまいや人格ってあんまり変わらないと思うんですよ。

たけしさんとも『戦メリ』が初対面でした。あの頃のたけしさんはお笑いブームの中で頂点に立っていて、ぼくもお笑いの人だとしか思っていませんでした。ところが撮影に入ってあるとき、ホテルのたけしさんの部屋を訪ねたことがあって、そうしたら、部屋中に中学の参考書が山のように高く積まれてて、ところどころに赤線を引きながら読んでるんですよ。数学、理科、社会とあらゆる教科の。勉強が好きな人なんだなあって、素顔に接した気持ちがしました。それから一緒にご飯を食べるようになると、相対性理論の話とかで二人で盛り上がっちゃって、ずいぶん熱く語り合ったりもしました。

その一方、言うことはやっぱりおかしくて、「怒られたら二人とも帰る」っていうのを大島さんにアピールしようぜって、スーツケースのカタログをわざわざ持って撮影現場に行ったりね（笑）。どなったらすぐ荷物まとめて帰るぞって無言のアピール（笑）。

大島さんはもちろん、戸田重昌さん、成島東一郎さんという大島組の人にはやたらと話しかけられない雰囲気はありました。ホテルの食堂でもみなさん、一緒のテーブルにいて、戸田さんなんか朝からそこでウィスキーを飲んでるんですよ。話しかけられない。ぼくたち若造はそういう重鎮たちの姿を遠くから眺めているだけでした。

映画というのはすごい世界だな、と。ぼくはそれまで音楽の世界しか知らなかったので、どうしても音楽の世界と比較してしまうのですけど、かかわる人数がまず音楽の10倍じゃきかないし、予算も日数もケタがちがう。短いカットを撮るにもずいぶん時間がかかるわけだし、一人しか写っていないシーンでも、その背後には何十人ものスタッフがかかわっているのを見て、これはすごいぞ、と。あれ以降、映画を観るたびにカメラの後ろ側にいる人間を想像して観るようになりました。それぞれの部署のいろんな人たちがたくさんの努力と情熱を傾けることで、映画のそれぞれのカットができている。

ラロトンガに来ていた小道具のヘッドの方は当時もう80歳ぐらいのおじいさんだったんですけど、ビートたけしさんが首からかけるお守りのために、わざわざどこかの神社に行って武運長久の御札をもらってきたんですよ。お守りの中に入れるものだから、もちろん画面には一切写らないんですよ。あれを見たときに、そうか、ここまでするんだって圧倒されましたね。なんでも、もともとは松竹の小津組だった方だそうで、そうか日本の映画の伝統ってここまでやるんだ、こうやってできているんだって感動しましたね。

閲兵場で傷病兵の捕虜たちに突進してなぎ倒していくシーンは、ぼくのアドリブでした。あそこでヨノイの狂気みたいなものを出したかったんです。瀕死の重病人やけが人を容赦なく突き飛ばして、それは、西洋から見たら本当に野蛮で極悪に見えるような残酷な振る舞いを出したかった。自分の気持ちがあのときそうなったので、それをそのまま出したんですね。

そういう気持ちをそのまま出してアドリブであああなったのだけど、演技の技術が伴っているわけじゃないから、果たしてあれはああやってよかったのかはわからない。ただ、大島さんは、ああいう役者から自然とあふれ出るものを期待してたんじゃないかなと、後になって思いました。実際、カットされずにそのまま映画に残ったわけですし。

ところで、ラロトンガでのすべての撮影が終わった日、夜はみんなでホテルでどんちゃん騒ぎをしてから、ぼくは、よし、せっかくだから車で島を一周してみようとレンタカーでドライブに出かけました。

ところが島の道は舗装もされていない砂利道なので、案の定、大きなカーブを曲がりきれなくて、車がスピン！　なんとか運良く樹木に激突して止まったけれど、車は大破してフロントガラスもすべてふき飛ぶ大事故になってしまって…。幸い奇跡的に怪我はしなかったのだけど、やがてパトカーがやってきて、「撮影隊の人ですね。明日の朝、呼び出しが行きますから」と言って、ホテルまで送ってくれました。

翌朝には半ズボン姿の検事さんがやってきて、何日何時に裁判所に来るようにという呼び出し状を渡されました。幸いその日時は、ラロトンガを離れる1日前。指定された日時に裁判所に行って見ると、なんとそこは撮影のためにずっと使っていた、ぼく＝ヨノイ大尉の執務室だったんです。何と言う皮肉！　ぼくはヨノイの執務室で「有罪」を認めて、罰金刑となりました。ぼくはラロトンガで犯罪歴がある男なんです(笑)。

東京に戻ってラッシュで自分の演技を改めて観たときは衝撃で椅子からずり落ちそうになりました（笑）。あまりにも下手すぎる！　やばい。これはなんとかしなきゃと思って、よし、自分の演技のひどいところには音楽を入れてなんとかしようと、それをサントラを作るモチベーションにしました。

この映画は、たんなるいち映画作品に留まらず、ひとつのイベントのような捉え方をされましたね。ぼくはともかく、デヴィッド・ボウイがいてビートたけしがいてっていう、当時の時代の空気を体現した映画を超えたイベントになった。こうして30年以上が経って、いま客観的にこの作品を観直してみると、やっぱり「変な映画だなあ」って思いますから。

よくこんな不思議な映画を作ってくれたって、大島さんはじめ当時のスタッフの方に感謝したい気持ちでいっぱいです。

プロデューサーのジェレミー・トーマスもがんばってますよね。まだ若かったのに、ここでのがんばりを契機としてベルナルド・ベルトルッチと仕事をするようになった。

ベルトルッチと大島さんはヌーベルヴァーグの監督としてお互いを知っていて、それでベルトリッチも『戦メリ』を観て、これはすごい映画だ、プロデューサーは誰だ？　って、初めてジェレミー・トーマスという名前を知ったそうなんです。2013年にカンヌ映画祭の審査員で一緒になったときにそう聞きました。あのときもう『ラストエンペラー』の構想があって、ならばこの若いプロデューサーにまかせてみるかと決断したそうなんです。

だから、ぼくが『ラストエンペラー』にかかわることになったのも、この『戦メリ』があったからこそなんです。これがすべての始まりなんです。

最後に大島監督にお目にかかったのは4年ほど前です。ひさしぶりにお顔を見たいなあとご自宅に伺いました。ご本人は話はできなかったんですが、椅子に座って、長い時間ぼくらが話すことは楽しんで聞いてらしたことを憶えてます。

亡くなられてから、大島作品をニューヨークの自宅でよく観るようになりました。戦後の日本の映画史の中で本当に大きな存在だったと思います。あんな映画監督はなかなかいない。日本のみならず世界にもいない。本当にユニークな存在だったと思います。今後ますます評価が高まってくるんじゃないでしょうか。

そんな大島監督から言われた言葉でいちばん印象に残っているのは、『戦メリ』の直後にぼくがパーソナリティーをやっているFMラジオの番組にゲストでいらっしゃったときのものです。「坂本くんは映画は撮らないのか?」って聞かれたんですよ。いや、その才能はないので撮りませんとお答えしたら「お前は卑怯だ!」って言われたんです。ついに怒られちゃった(笑)。

いまでもそれを強烈に憶えていますけど、大島さんやベルトリッチ監督のような人の仕事を間近で見ていると、自分なんかが映画を撮っちゃいけないと思うんですよ。彼らの情熱、その周りの人たちも含めて強烈なパッション。本当に常軌を逸したパッションがないと映画を作っちゃいけないと思うんです。彼らはみんなそうやって作っていたんですから。

『御法度』のときかな、「たけちゃんはちゃんと撮ってるぞ、お前はなんで撮らないんだ?」って、その後も言われましたけど、自分に映画作りの才能がないことはわかっているので、まあ、しようがないですよね(笑)。

映画が公開された初日は渋谷のパンテオンや新宿のミラノ座、銀座の松竹セントラル、あのあたりをみんなで回ったはずなんだけど、当時の様子はあまり憶えていないんです。それよりも印象に残っているのは関係者だけの試写会が渋谷の劇場であって、そのときジェレミー・トーマスに言われた言葉です。試写が始まってすぐにメイン・テーマが鳴ったときに、ジェレミーがぼくに近づいてきて、「Your music is not good. But great」って囁いたんです。一瞬、ダメなのかってヒヤッとして、「But great」でホッとしたことをよく憶えています。

N-167.

『戦場のメリークリスマス』の音楽

坂本龍一が作った『戦場のメリークリスマス』の音楽は、いまに至るも代表作のひとつとして燦然と輝いている。

本文中にあるよう、それまで映画音楽を手掛けた経験はなかった。かろうじて演劇とラジオ・ドラマの劇伴音楽の経験はあったが、映画音楽にはまったくちがう技法が求められる。

英国側プロデューサーのトーマス・ジェレミーから『市民ケーン』の音楽を参考にするといいというアドバイスをもらい、それだけをヒントに坂本龍一は初めての映画音楽を作りあげた。

アカデミー賞を受賞した『ラストエンペラー』など後年の坂本龍一の映画音楽では顕著な生のオーケストラ、ストリングスを起用した音楽ではなく、この『戦場のメリークリスマス』の音楽はほぼすべてが坂本龍一自身の演奏によるもの。シンセサイザーのプロフェット5、サンプラーのイーミュレイター、そしてピアノなど。

東銀座にあるレコーディング・スタジオの音響ハウスでほぼひとりきりで作り上げた。

この1980年代前半の当時、商業映画の音楽においてほぼ全編がシンセサイザーとサンプラーを中心にして作られたものは、世界中を見渡しても『ブレードランナー』などのヴァンゲリスや『メトロポリス』のジョルジオ・モロダーなどと並んであまり例のないものだった。

この斬新な音楽は、やはり斬新な映画の内容とよくマッチし、映画の公開された国の多くでサントラ盤が発売された。

1983年の公開年には、日本はもちろん、アメリカ、カナダという北米、イギリス、フランス、ドイツなどのヨーロッパの主要国、オーストラリア、ニュージーランドのオセアニア、イスラエルやインドネシアでもリリースされている。

イギリス、オーストラリア、ニュージーランドではタイトル曲のシングル・カットもされ、サントラ盤収録のデヴィッド・シルヴィアンとの共作曲「禁じられた色彩」も日本を含む世界各国でシングルとしてリリースされた。

日本ではサントラ各曲を坂本龍一自身がピアノで弾いたカセットを付けたカセット・ブック『アヴェック・ピアノ』が1983年に発売され、その音源は同年に一部内容を変えてアルバム『CODA』として発売された。ここからは「戦場のメリークリスマス」のピアノ・ヴァージョンがシングル・カットされてもいる。

特異なのは、通常は映画のサウンド・トラックのアルバムは公開年にリリースされると続編やシリーズ化作品でもなければ名作であっても既存の盤が追加プレスされるぐらいだが、この『戦場のメリークリスマス』の場合はその後も廃盤になることなく規格を変えていろいろな国で発売され続けたことだ。1990年代には南米でも発売されている。

これはやはり、『戦場のメリークリスマス』後の坂本龍一の国際的な活動の成功によるものだろう。『戦場のメリークリスマス』のタイトル曲は坂本龍一の代表曲のひとつとなり、世界各国でのコンサートで重要なレパートリーとして演奏された。

2008年にサービスを開始した音楽ストリーミング・サービスのスポティファイでは、そのサービス開始から日本上陸まで世界各国でいちばん再生された日本人音楽家の作品は「戦場のメリークリスマス」のタイトル曲だった。日本人の音楽であるとか、坂本龍一の作品であるという認識がされているかはともかく、世界中で普遍的な人気を得ることになったのだ。クリスマスの時期に流される定番の曲にもなっており、カヴァーされることも多い。

坂本龍一はサントラを発表した1983年からしばらくはコンサートや演奏会でタイトル曲以外の収録曲も演奏していたが、1990年代以降はタイトル曲以外はほぼ演奏されることはなかった。いわゆる代表曲や人気曲が増え続けていったためということもあり、タイトル曲以外の作品は半ば封印されたような形になっていた。

しかし、その状況を変えたのは共演者であるデヴィッド・ボウイの死だった。

2016年にボウイが死去し、その翌年に世界を巡回したボウイの回顧展『DAVID BOWIE IS』の東京展が行われた。その期間中の2017年3月29日に『DAVID BOWIE IS』会場で坂本龍一によるボウイ・トリビュートのピアノ・コンサートが開催され、そこではほぼ30年ぶりにサントラ収録曲の「ライド・ライド・ライド」がボウイへの追悼曲として演奏された。この曲に続くコンサートの最後の曲はもちろん「戦場のメリークリスマス」だった。

その後、2020年に行われた二度のオンライン限定のコンサートでは「種と種を撒くもの」が演奏されて好評を博している。

映画のサントラ盤は、2013年に日本でサントラ未収録曲、ヴァージョンを集めたディスク2がボーナス・ディスクとなった2枚組特別版CDがMIDIレコードからリリースされた。

海外では2015年から2016年にかけて、坂本龍一の映画音楽のリリース元となっているミラン・レコードからリマスタリングのLP、CDがアメリカ、ヨーロッパ各国で発売された。

『戦場のメリークリスマス』の音楽は、映画と同様にこの後も世界各国で愛され続けるだろう。

BANDE ORIGINALE DU FILM
FURYO
MUSIQUE COMPOSÉE & INTERPRÉTÉE PAR
RYUICHI SAKAMOTO

坂本龍一
戦場のメリー・クリスマス オリジナルサウンドトラック

"MERRY CHRISTMAS
MR. LAWRENCE"

פסקול הסרט חג שמח מיסטר לורנס
Merry Christmas
Mr Lawrence

Coda
坂本龍一
oda
yuichi Sakamoto

Merry Christmas
Mr Lawrence
BY RYUICHI SAKAMOTO

Merry Christmas
Mr Lawrence
RYUICHI
SAKAMOTO

Merry Christmas Mr. Lawrence
RYUICHI SAKAMOTO
NAGISA OSHIMA

FORBIDDEN COLOURS
DAVID SYLVIAN
RIUICHI SAKAMOTO

THÈME PRINCIPAL DU FILM
FURYO
FORBIDDEN COLOURS
DAVID SYLVIAN
RIUICHI SAKAMOTO

VSY 601
SYLVIAN/SAKAMOTO
'FORBIDDEN COLOURS'
FORBIDDEN COLOURS
DAVID SYLVIAN
RIUICHI SAKAMOTO
VSY601

禁じられた色彩
Forbidden Colours
戦場のメリークリスマス より
リュウイチ・サカモト&デヴィッド・シルビアン
B. シード・アンド・ソウワー The Seed and The Sower

第七章　賞

10月7日にニュージーランド・オークランドで撮影が終わった『戦場のメリークリスマス』。日本で現像されたフィルムはすぐに大島監督の手によって編集作業が行われた。

並行して、坂本龍一による音楽の作曲、台詞や効果音の録音やダビングなど、ポスト・プロダクション作業が急ピッチで進められていくことになった。

そんな中、問題になったのはやはり、映画のクライマックスであるヨノイとセリアズの抱擁シーンでの撮影事故だった。

カメラの中でフィルムがスムーズに回転しなかったことにより、不自然なぎくしゃくとした動きになってしまっている部分。

しかし、ここはこの印象的なシーンでこの不思議な動きになったことを逆に奇貨とするべしという意見を大島監督は採用し、プロデューサーのジェレミー・トーマスも同意見だった。

ジェレミー・トーマス　**私は作品には一切のやり直しを求めることはありません。なぜなら映画には運命というものがしばしば働いていると考えているからです。例えばこんなことがありました。私たちはフィジー経由で東京にラッシュのフィルムを送ったところ実に三週間もかかってしまいました。その間に龍一とボウイの抱擁のシーンのフィルムが輸送中のカメラに巻き込まれて**

グシャグシャになってしまったのです。そのシーンの素材は僅か40秒しかなく、フィルムのコマを飛ばしてプリントし直さねばならなくなったわけです。それが実はあのシーンがスローモーションのように見える理由です。観客たちはその瞬間を詩的な表現だと評してくれたのですが、事実は「芸術に起こる不確実性の賜物」なのですよ。

そして実際、この不思議な抱擁のシーンは観る者にさらに大きな感銘を与える効果を発揮したようだった。

伊藤聡　キスシーンに関しては、もうひとつ印象的なことがあって、当時、麻布十番の葵スタジオというところで仕上げをしていました。そこであのシーンのラッシュを上映してみんなで観てみたんです。

その試写室に誰だかわからない外国人がひとりいて、なんだか黒い革ジャンを着て、前の椅子に足を上げてふんぞり返って観ている。態度が悪いからちょっと腹が立ったんですけど、その外人が見終わるなり立ち上がって「映画史上最高のキスシーンだ！」と言い残して帰っていきました。

ベルナルド・ベルトルッチ監督でした。

11月22日に行われた初号ラッシュ上映は、まだ音楽もついていない段階での上映。しかし、このときすでにスタッフやキャストたちはこの映画の持つ異様なポテンシャルに衝撃を受けていた。

原正人　ラッシュを最初に観たときの感想は異次元の映画を観た感じ。すごく異質なものに触れてしまったと。画に力があるのは確かだけど、これをどう観客に届けよう、どう宣伝しよう、難しいなと思いました。

脚本のときとはまたちがう異質なものと

なっていて、やはり大島さんはすごい力があるとも思いましたけれども。

ただ、これだけ力のある映画だから、うちのスタッフならデザイナーもコピーライターも宣伝マンも一体になってなにか知恵は出してくれるだろうという楽観もありました。みんなで知恵を出して、私はその責任さえ取ればいいやって。

ラッシュを観ていちばん印象に残ったのはラストのたけしさんの顔のアップで、そこから、キャストの顔のアップで構成した宣伝ポスターにつながっていったのかもしれない。

なにしろ女性がひとりも出てこない映画だから「この男たち美しく」とか「この男たち何をしでかす」とか、そういうコピーで、大島さんを中心に主要キャストの顔でポスターを作ろうっていう知恵が誰かから出てきたんだと思う。

たとえばボウイと坂本龍一が抱き合っている写真でポスターを作ったらという議論もあったけど、それはポスターとしてはちがうという結論になったと思う。ポスターは内容を紹介するというよりも、言って観れば旗みたいなもの。その旗を掲げることで注目されて、みんなになにかを感じ取ってもらうような存在にしたい。当時のヘラルドの宣伝部にはそういうクリエイティヴなセンスを大事にする風潮があったんです。


初号ラッシュを観て、再編集のポイントを探る者、宣伝方法に頭を悩ませる者、効果的な音楽を生み出すことに専念する者、それぞれのポスト・プロダクションの戦いはまだまだ続いていくことになる。

ジェレミー・トーマス　大島が龍一にオリジナルサウンドトラックの作曲を依頼したの

ですが、龍一は「どうすればいいんだろう?」と大島に言ったと聞きました。彼は過去一度も映画音楽を作曲したことがなかったからです。大島は龍一に彼が演じる役である「ヨノイ大尉のように作曲してくれ」と話したそうです。それが何らかの意味を持って龍一は信じられないほど素晴らしい音楽を生み出したのでしょう。あの音楽を聴いて以来、私は「彼は天才だ」と感じています。

坂本龍一はこの時期、一か月以上に渡って都内の録音スタジオを借りきり、日夜こもって作曲と録音作業に没頭していた。音楽は通常の生楽器のオーケストラ演奏ではなく、坂本龍一がこの頃に偏愛していた数台のシンセサイザーやサンプラーと、ピアノのみを使って多重録音していくという手法。映画に使用された曲はもちろん、使用されなかった曲、ヴァージョンちがいなど膨大なレコーディング量となった。

また、撮影終了後の脚本の微調整によって、坂本龍一とデヴィッド・ボウイらには台詞の再録音の依頼も行われた。

映画の原作者であるヴァン・デル・ポストは後に完成したフィルムでの坂本龍一が演じるヨノイを観て、小説のイメージにそっくりすぎて本当に驚いたという。さらに、以前にアメリカで行われた文学セミナーで三週間を一緒に過ごした三島由紀夫を思いだしてならなかったと、当時の雑誌のインタビューで話している。坂本龍一の父の伝説的な文藝編集者が三島由紀夫の担当であったのは不思議な偶然と言えるのかどうか。

また、坂本龍一は本作の翌年発売されて大ヒットする本作のサウンドトラック・アルバムの録音の合間に、デヴィッド・ボウイは翌年の大ヒット・アルバム『レッツ・ダンス』の制作の合間に、音楽アーティストがそれぞれレコーディングの合間に俳優として『戦場のメリークリスマス』の台詞を再録音しているというのが、いかにもこの映画らしいエピソードだ。

そうした細かな修正や追加が完了するたびに新たな試写フィルムが関係者たちに向けて上映され、映画は一歩ずつ完成に近づいていった。

1982年は12月31日の夕方まで編集やダビングの作業が行われ、スタッフは作業終了後にビールで乾杯。ようやくすさまじかった1982年を終えることになった。

翌1983年はまだ松の内の1月4日から作業が再開。朝の10時からダビング作業とネガ編集。夜の9時半までスタジオにこもり、正月気分はすでにない。

1月11日になって、ようやくの、ほぼ完成版といってもよい0号試写が東京現像所第二試写室で行われた。坂本龍一による音楽もダビングされている。

ポスト・プロダクションのためのトータルのスタジオ使用時間は11月末から1月の初めまでの1か月でおよそ238時間。スタッフの多くは毎日が深夜のタクシー帰りだった。

ここからドルビー録音のチェックなどが行われ、1月14日は、いよいよ配給を受け持つ松竹の本社に試写用の2号プリントが納品された。

原正人　松竹富士が配給、宣伝がヘラルドエースという体制でいよいよ上映劇場のブッキングをするとなったとき、松竹系のメインのピカデリーチェーンでは、やはりこの映画は難しいとなった。どうしたものかと思っていたら、カンヌ映画祭に出品するということが決まって、東急レクリエーションという国内でも最大級のチェーンが、場合によってはチェーンの劇場にブッキングしてくれると言う。東急レクリエーションには親友の堀江君という人がいて、彼とこの頃松竹富士にいた奥山由布さんと西麻布でご飯を食べながら「よし決まった！」って握手した思い出があります。82年の本当の終わり頃だったかな。

奥山さんもえらい人で、東急レクリエーション系のいちばん大きな劇場は1300席以上あるミラノ座で、他にも1000席級の劇場がいくつもある。ここで1日4回上映してがらがらになりましたというわけにはいかないので、動員をある程度保証します、もしお客さんが来なかったら劇場に補償しますと約束したんです。これは結果的に杞憂となったわけですが、やはりそういう覚悟が必要な映画ではあったんです。

というのも、各劇場の館主さん、営業マンなどを対象にした初号の試写を渋谷の名画座でやったんですが、上映が終わっても客席がし～んとしてたんですよね。

松竹を初め、この映画に初めて接する日本の興行関係者の間では、冷ややかな空気が流れていた。それまでの経験や勘からすると、この『戦場のメリークリスマス』という映画がヒットするとは到底思えなかったのだ。

デヴィッド・ボウイ、坂本龍一、ビートたけしという名前が並んでも、映画の興行関係者にとっては、しょせんよその世界の人気者。自分たちの戦場である映画の世界においてはなにする人ぞだったのだろう。

ここに至って、日本国内で『戦場のメリークリスマス』の知名度と期待度を劇的に上げる手段はひとつであることが、関係者の間では共通認識となっていった。

カンヌ映画祭のグランプリを受賞することだ。

カンヌ映画祭は南フランスの保養地カンヌで行われる世界でも有数の著名な映画祭である。1946年に始まり、その歴史の中では世界の名画の数々が上映され、作品や監督が授賞を受けて国際的な知名度を獲得していった。

日本の映画作品も1954年に衣笠貞之助監督『地獄門』が最高賞のパルム・ドールを受賞して以来、黒澤明監督の『影武者』など日本作品が大きく注目されるようになり、1978年には大島渚も『愛の亡霊』で監督賞を受賞している。

このカンヌ映画祭の成り立ちは、もともと1930年代後半に当時の国際映画祭の最高峰であったヴェネツィア国際映画祭が、イタリアのムッソリーニ政権樹立によってファシズム称賛の色彩が濃くなっていったことにフランスの映画界が反発したことにある。

1938年、ヴェネツィア国際映画祭のグランプリ作品がナチス・ドイツの強い要請によってレニ・リーフェンシュタール監督の『民族の祭典』に与えられたことによって、民主主義国家における映画祭の必要性がさらに強く認識された。

そうして創設が決まったカンヌ国際映画祭は、第一回の開催を翌1939年の9月1日開幕で準備が進められ、実際に開幕日は迎えたものの、その日の朝にドイツ軍がポーランドに侵攻。欧州において第二次世界大戦が勃発したことにより開催中止を余儀なくされた。

これほど、第二次世界大戦、あるいはファシズムと民主主義、自由主義との対決のもとに創設された国際映画祭に、第二次世界大戦中の日本軍の俘虜収容所における人間の対立を描いた『戦場のメリークリスマス』が出品される。

このことの意味を、カンヌ国際映画祭も『戦場のメリークリスマス』製作者たちも、よくわかっていたはずだ。

プロデューサーのジェレミー・トーマスは、そこであえて徹底的な映画の宣伝戦をしかけた。デヴィッド・ボウイら主役が顔を揃える豪華なレセプションやパーティ、みなでお揃いのファッショナブルな「大島ギャング」のTシャツを着用し、それをプレスにプレゼントもする。

12日間のカンヌ国際映画祭期間中、人々の注目を集めて大きく報道されたという点では、まちがいなく『戦場のメリークリスマス』はこの年の主役だった。

ジェレミー・トーマス　1983年のカンヌでのこの作品のレセプションは信じられないほどの盛況でした。配給会社のジェラール・リボヴィッチの力も大いに役立ちました。デヴィッド・ボウイも来たし、ローレンス・ヴァン・デル・ポスト卿も来てくれました。彼の経験から生まれた物語にはもちろんですが、彼の存在感こそ驚くべきものでした。セリアズは、ポスト卿が捕虜収容所で出会った実在の人物をモデルにしていることを知りました。カンヌの最終日には『戦場のメリークリスマス』こそパルム・ドール賞だという噂が広まりました。しかし、それはとてつもない誤解による噂だったのです。なぜならパルム・ドール賞は日本人の監督が獲るという噂は、実際には今村昌平監督の『楢山節考』が受賞することを意味していたからです。しかし、『楢山節考』は見事な作品でしたし、カンヌ国際映画祭はあの映画をもってして素晴らしいものとなったと思います。

日本でも、その加熱した現地の模様があまさず伝えられ、『戦場のメリークリスマス』のパルム・ドールの受賞はすでに確実視されていた。

原正人　本当の宣伝の仕上げはカンヌ映画祭。5月28日の封切り直前にカンヌで絶対に賞を獲りますとあの頃言っていました。『愛のコリーダ』など大島さんの実績と国際的なキャスティング、ちょっとホモセクシャルを匂わせる題材。なにかしらの賞は獲ると絶対に思ってましたし、劇場の館主さんらもみな期待していた。

ヘラルドの試写室にジャーナリストたちを呼んで、フランス語のできるヘラルド社員の寺尾君から国際電話で実況レポートをさせるイベントもやりました。

寺尾君の「獲りました」の報告でジャーナリストたちが万歳をする絵を写真で撮るという段取りまで決めていた（笑）。それぐらい自信があったんですね。

私はカンヌ入りして、筑紫哲也さんや岸恵子さんにレポーター役をお願いしてカンヌレポートを作っていました。たけしさんは来れなかったけど、ボウイも坂本さんもいる。大島ギャングのTシャツも人気で、獲れないわけはないと思っていた。

リッツ・カールトン・ホテルのビーチのレストランで受賞の知らせをみんなで待っていて、「受賞は日本だ」って聞いたときは、みんなで万歳して…。


受賞を確信していたのは、現地入りしていた大島渚をはじめとするスタッフ、キャストも同様だった。


小山明子　カンヌに行ったときはお祭り騒ぎでした。そもそもカンヌ映画祭の時期は街がお祭り騒ぎなんですけど、あのときはみんなで「THE OSHIMA GANG」って書かれたTシャツを着て街を練り歩いてて、「それはどこで手に入るんだ？」って、Tシャツのほうが有名になっちゃったり（笑）。

みんな、賞はもらえるものだとばかり思ってたんですね。発表のときも大騒ぎで待っていて、賞を逃したとわかった瞬間、みんながっかりしちゃって。

前評判は高かったのだけど、ひょっとして、あんまり派手に騒ぎすぎちゃったから反感を買ったのかなあ、とも…（笑）。

監督も、まあ、しようがないと普通にして、

愚痴なども一切言いませんでしたけど、お酒はいつもの倍ぐらい飲んだんじゃないかな。

　カンヌ国際映画祭での授賞審査は会期最終日に、タキシード、イブニングドレスで正装した審査員たちによって、一日をかけて討議される。途中、昼食の時間はあるが会議の行われる邸宅には、むろん部外者やジャーナリストは入ることができない。

　審査員たちは夕方、リムジンで授賞会場であるパレスに向かい、レッドカーペットを歩き、入場して舞台へ。

「パルム・ドールは日本の…」

　歓声が涌く。

『戦場のメリークリスマス』のカンヌは終わった。

秦早穂子　**『戦メリ』がカンヌで受賞できなかったのは、1983年というのがカンヌ映画祭の体制が新しくなったタイミングだということも理由のひとつだと思います。会場のパレスも新しいゴージャスな場所になって、コマーシャリズムに傾倒していったときでした。そこに西洋人のトラウマになっているような主題を描いた映画が受賞するよりも、『楢山節考』のほうがバランスがいいという判断もあったのではないかと私は思っています。**

**　私自身、最初に試写を観たときはテーマをこんなにストレートに押し出して、外国でどう受け取られるかちょっと危険だと危惧しましたし。もちろん、それが大島監督ならではのやり方だとはわかっていましたけど。**

**　そして、実はカンヌに『楢山節考』が日本映画の代表として出品されると聞いたときは、ちょっと怒りを覚えました。そのニュー**

スを聞いたときには大島監督もそばにいて、さすがに顔色を変えていましたね。

カンヌ映画祭になにを出品するかというのは、その以前は日本の映画会社五社の協定で回り持ちだったのですが、さすがにそれはおかしいと、フランスから批評家が来て選ぶようになったんです。そして、たしかに『戦場のメリークリスマス』はニュージーランドなどの資本が入っているから、純粋な日本映画として『楢山節考』も出すというのは、それは理由にはなります。

ただ、いくらなんでも大島渚作品と今村昌平作品を同時に出すことはないいんじゃないのと思ったんです。しかも、とても革新的なテーマの大島作品と、外国から観ていかにも日本映画的なテーマの『楢山節考』でしょう。いやな予感はしてたんですよ。

そしてカンヌで盛大にパーティーを開いて、デヴィッド・ボウイも来るとなって大騒ぎになりました。持ち込んだ「THE OSHIMA GANG」のTシャツも大人気でみんなが欲しがる。宣伝という意味では大成功だったんですけど、実は私はあまり大げさに宣伝すると逆効果になると反対しました。ああいうテーマの映画はむしろ静かにしていなきゃいけないんです。

だから、受賞が『楢山節考』に決まったときは、もちろんショックだったけれども、映画祭の授賞の論理というのはそういうものだなとも思いました。

ただ、その後のカンヌではレッド・カーペットの階段を映画関係者が上っていくときには坂本さんの『戦場のメリークリスマス』のテーマ曲が流れるということが何年も続きました。みんな受賞は逃しても『戦場のメリークリスマス』のことは記憶に残しているんだなと感慨は深かったですね。

実際、カンヌ国際映画祭に縁が深く、1987年には審査員も務めた『ル・モンド』の文化部長のエル・エマンは『カンヌ映画祭』（中川洋吉著・講談社現代新書）の中でこう語っている。

「大島監督は宣伝戦には勝利したが、審査委員会の判断は別物」

また、評論家の秦早穂子が指摘しているよう、この1983年はカンヌ国際映画祭が商業的な華やかさを重視するようになったいた時期で、当時、フランスのテレビ局も次々と民営化されてそちらからの「豪華で華やか」を求める要請もあったようだ。

そうした中で、カンヌの町で「豪華で華やか」に見えすぎてしまった『戦場のメリークリスマス』は、商業化をきらう人、審査員の印象を損ねてしまったという説は根強く残る。

皮肉なことに、このとき『楢山節考』でパルム・ドールを獲得した今村昌平監督が1989年に出品した『黒い雨』が、やはり第二次世界大戦下の広島への原爆投下の悲劇を描き、パルム・ドール受賞確実との下馬評の中で無冠に終わった。

このとき今村監督は選に漏れた理由として同映画の脚本が「西欧的論理」で書かれておらず、西欧人に理解されることは不可能と語っていることは『戦場のメリークリスマス』が無冠に終わったことを彷彿とさせて感慨深い。

ともあれ、カンヌ国際映画祭は終了した。無冠の『戦場のメリークリスマス』は、いよいよ公開を待つばかりとなっていた。

映画祭の審査員ではなく、一般の観客がこの映画をどう「審査」するのか。

関係者の緊張は高まっていった。

第八章　公

そして、映画『戦場のメリークリスマス』は1983年5月28日に日本全国で公開された。東京では東銀座の松竹セントラル、新宿のミラノ座、渋谷のパンテオンという規模の大きな劇場での公開だった。

それらの劇場の前では、公開を待つ多くの観客、とりわけ若者たちが行列をしていた。

原正人　封切り初日は、まず大島さんと渋谷パンテオンに行きました。

爆発したという表現がいいのかな。あんなにいっぱいの若者、とくに女の子たちが押しかけて劇場の周りをぎっしりと取り囲んでいる。それを見たときの大島さんのうれしそうな顔だけは忘れられない。

「お客さんが来てくれるっていいもんだよねえ」なんてにっこり笑って、二人で握手しました。

それまですばらしい作品をいくつも作ってきてはいたけれども、千何百席の劇場がいっぱいになるというのは、大島さんにとって初めての経験。生涯忘れられない光景だったのだと思います。

臼井久仁子　公開初日は渋谷のパンテオンで観ました。なによりびっくりしたのはティーンエイジャーをはじめとした若い女の子たちが本当にたくさん来ていたこと。最初は

デヴィッド・ボウイのファンなのかしらと思ったけど、どうもそれだけじゃないリアクションがあって。やはり思春期の女性のハートをものすごくつかむ映画なんだなと思いました。

すごい熱気を感じて、ああよかったなあってとてもハッピーな気持ちになりました。

これにはもちろん宣伝の力もあった。前代未聞の異色の映画をどう宣伝すればいいか。どうすればひとりでも多くの観客を集めることができるのか。

まずは大島監督をはじめ北野武、坂本龍一がさまざまなメディアでこの映画のことをしゃべり、書いた。

深夜ラジオで北野武が撮影中のエピソードをおもしろおかしく語り、そのことがテレビのお笑い番組でまたネタにされた。

坂本龍一も自身のラジオ番組で映画と自ら手がけた音楽を熱く語る。

さらには大島監督は、ありとあらゆる雑誌に『戦場のメリークリスマス』についての寄稿をし、インタビューにも登場した。映画雑誌や新聞はもとより、「少女のための耽美派マガジン」と銘打った、それまでの大島作品の観客とはまったく縁のない人々が読者層である雑誌であってもひるむことなく取材に応じ、映画の魅力を語りまくっているほどだ。

さらにうれしいタイミングの幸運もあった。『戦場のメリークリスマス』撮影後にすぐレコーディングに入ったデヴィッド・ボウイの新しいアルバム『レッツ・ダンス』が4月に発売されたばかりだった。

英米でプラチナ・ディスクに輝いたボウイの生涯最大級のヒット作となったこのアルバムの登場で、世界中でデヴィッド・ボウイのブームが巻き起こり、日本でも同様。日本でボウイのこのアルバムが語られるときは必ずのように『戦場のメリークリスマス』も話題にされ、映画の知名度は飛躍的にアップしていた。
これには映画の宣伝をしていたスタッフたちも勇気づけられた。

原正人　この頃になるとたけしさんや坂本さんがラジオや雑誌で『戦メリ』やその撮影体験などを非常におもしろおかしくしゃべったり書いたりしてて、若者の間には着実に浸透していたんですよ。私も含めた旧来の映画関係者にはそこはまったく見えていなかった。デヴィッド・ボウイの人気もそう。「ぼくたちおじさんがわからなくても、感度のいい若者たちは絶対に支持してくれる」っていうのを大宣伝会議を開いて、そう言いました。私じゃなくて、井関君といううちの若いスタッフによるおじさんたち相手の大プレゼンテーション大会。雑誌にこんなに記事が出てますよという分厚いコピー資料も配っていました。

そうなると、それまでのヘラルド宣伝部の実績や信頼感も物を言ってくる。『エマニエル婦人』『カサンドラクロス』『地獄の黙示録』というヘラルドの宣伝で大きくヒットした映画の実績です。劇場主さんもそれを知っているし、じゃあ、今度もその賭けに乗ってみようかっていう熱気が生まれてくる。あの頃の日本の映画界って、そういう熱気とパワーがあったんですね。あのときは『戦メリ』に加えて同じ年の夏に公開する『南極物語』の宣伝もしてて、ヘラルドエースという新しい会社のここが正念場だという覚悟もこちらにあった。

「また原マジックが始まった」なんて館主さんにひやかされながらも、顔と顔を合わせたコミュニケーションが取れた時代だったんです。

ポスターに大島さんの顔をどーんと大き

く使うことにしたとき、当然大島さんにそう報告したけど、ポスターに限らず宣伝のことで大島さんから注文がついたことはありません。「いいね」と言われただけ。

あの時代にしては大胆でいいポスターだったと思います。ただ、大胆すぎるかもと心配だったんで、刀を突き刺した別のデザインのポスターも作りました。大都市だと大胆なものでいいのだけど、地方都市に持っていくと、顔のポスターだけで勝負できるかちょっと不安だったんですね。

映画公開の数日前には坂本龍一の在籍するYMOのニュー・アルバム『浮気なぼくら』もリリースされ、オリコン・チャートの1位に。ヨノイ役のための丸刈りからまだ髪が伸びきっていない坂本龍一の顔も並ぶアルバム・ジャケットも雑誌やテレビでさんざんに紹介され、そこでも『戦場のメリークリスマス』は話題になった。

決して理解しやすいとは言えない思索的なテーマを描いたこの映画は、誰も予想しなかったほどの反響を得た。

この年の日本国内での興行収入は約9億9千万円と、いわゆる超大作映画の範疇に入るものではないが、関係者の予想は大きく上回った。

さらに、『戦場のメリークリスマス』は世界各国で順次公開。アメリカでも公開2週間で最大196スクリーンという当時の日本映画の米国上映では異例の規模で公開され、230万ドル以上の興行収入を記録した。

欧州でも『Furyo』（俘虜）のタイトルで各国で公開。ボウイの爆発的な人気とあいまってカルト的な人気を誇る作品となっていく。

そして、日本でも海外でも『戦場のメリークリスマス』は一時的な人気の映画作品にとどまらず、つねに普遍的な人気を保ち続けた。ヴィデオ、DVD、ブルーレイと、メディアは変わってもつねに『戦場のメリークリスマス』はいつも人気の映画タイトルとして販売され続けた。

　クリスマスのシーズンになると世界の町のどこかで、必ず坂本龍一の書いたテーマ音楽が流れている。

『戦場のメリークリスマス』は、人の心に強く残る名作映画となった。

小山明子　日本で上映されたときは最初からすごい反響で、私たちがいちばん驚いたのは17、18歳の少女たちがファンレターをいっぱいくれたこと。「戦メリ少女」と私たちは呼んでいたんですけど、「感動しました」ってお手紙がたくさん届いた。大島はそれにすごく感動して、自分と同じような世代がよかったというのはわかるけど、こんなに若い世代にこの作品が受け入れられたっていうことをすごく喜んでました。なにしろ、その後もずっとバレンタインデイや大島のお誕生日にチョコレートや花が届いたんですよ。大島が死ぬまでの30年間。
　『戦メリ』って、いまでも人気があるということは、たぶんあの時代を象徴していたんでしょうね。名作の映画には、若いときに観て、その印象が思い出としてずっと生き続けるということがありますから、30年経っても愛していただけるというのは、そういうことだと思います。

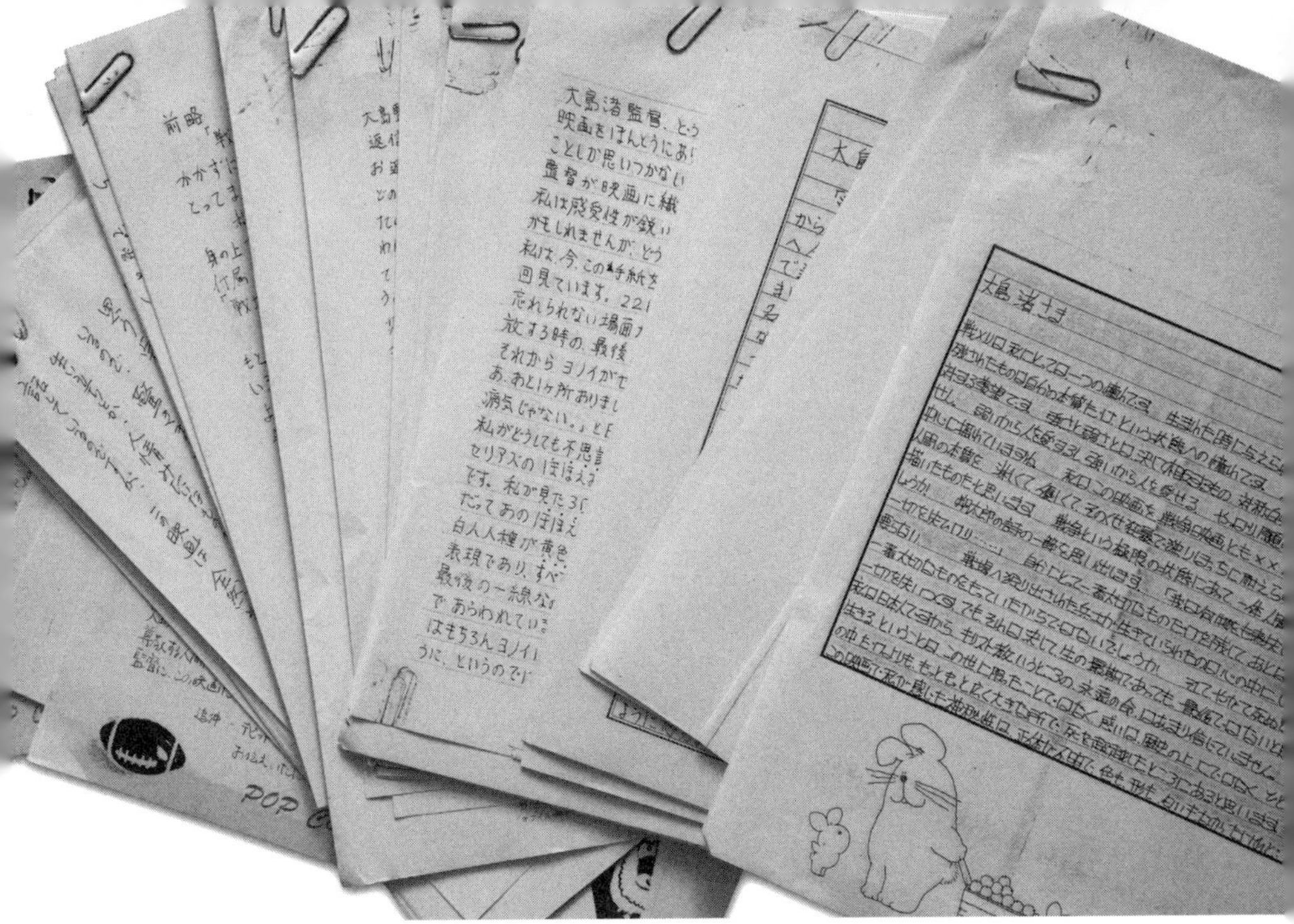

大島渚監督作品
戦場のメリークリスマス
男たち美しく
本日初日

第九章　結

2013年1月15日、長い闘病生活の末、大島監督はこの世を去った。

大島監督の数多くの映画作品やテレビ作品の中で、『戦場のメリークリスマス』は特別な一本だった。

この映画の残した衝撃と感動は、いまも続いている。そして、製作から40年近くが過ぎたいまだからこそ、伝わってくるものもあるにちがいない。

映画史、そして日本の文化史に残る大島渚の『戦場のメリークリスマス』というひとつの足跡は、今後もずっと人々に強い印象を残していくだろう。


伊藤聡　**大島さんの映画の撮り方は、自分を中心に磁場を作ってそこに周囲を巻き込んでいくやり方。**

『戦メリ』にしても、いまでこそ坂本龍一だ、ビートたけしだ、デヴィッド・ボウイだと華のようなキャスティングに見えますが、当時はそのキャスティングを知った配給会社から「ひどい。これでは当たるわけがない」と言われたものです。

いわゆるプロの俳優がいない。こういうキャストを集めて、ほとんどリハーサルもない中で演技をさせてそれを一発でフィルムに定着する。自分の磁場に巻き込んで、誰も予想できないような成果を引きだす。

その後の坂本さんやたけしさんの映画界

での活躍を見れば、このとき大島さんの磁場に巻き込まれることで人の輝きを変え、運命さえも変えてしまう。

そういう意味では、ぼくだってあのとき大島さんに会わなければこのような人生は送っていない。ものすごい影響力を持った人です。

この大島さんの映画の作り方は絶対に誰にも真似できない。助監督として下につくのは大変なプレッシャーがあったけど、あのときの高揚感や緊張感は二度と味わえないと思っています。


臼井久仁子　『戦メリ』の製作の仕事は本当に大変でしたが、私を鍛えてくれたと思います。映画製作、プロダクションの仕事とはこういうものだということがはっきりとわかった。私はその後、映画ではなくパフォーミング・アートのプロダクションに進んだのですが、『戦メリ』製作のときに大島監督から学んだ仕事の効率的な進め方は本当に役に立っています。

また、ジェレミー・トーマスという素晴らしいプロデューサーに出会え、その仕事ぶりを間近に見ることができたのもラッキーだったと思います。

彼はつねに「いまミスター大島はハッピーか？　いまミスター大島はなにを求めているか？」を気にかけ、それを実行する。監督を保護するようにサポートするタイプのプロデューサーなんです。採算とお金と興行だけを気にしているハリウッドのプロデューサーとは大ちがい。ああいうインディペンデントの名プロデューサーに出会えたのは、大島にとっても本当に幸運だったと思います。

大島監督から学んだことのひとつに、つ

ねに楽観主義であるべきということがあります。自分はこういう映画を撮りたいんだという信念のもとで、その目的を達成するためには全力を尽くす。だから大丈夫、と。そしていろんな人の話をわけへだてなくよく聞くこと。スタッフの間でいろんな意見が出ると、それを否定せず、うんうん頷いて聞いている。たくさんの人の意見を聞いて、中には映画には素人の私のような人間の意見まで真剣に聞いて、その上で最終判断は自分です。みんな監督が自分の意見をちゃんと聞いてくれたということがうれしくて、よし、大島さんについて行こうという気持ちになるんです。

「同じ釜の飯を食う」という表現がありますが、まさにそう。よい仲間と食べる飯はおいしい、楽しいという態度だから、スタッフもみんな「大島ギャング」として長年ついて行く。そういう素晴らしさを教えてくれました。

ジェレミー・トーマス　最も記憶されるべき大島の印象の違いというのは、もしかすると撮影中に現れてきた彼の〝経済的な感覚〟なのかもしれません。行われたことには、それが何事であっても無駄ではなく、必ず意味があるのだということを見つけようとする意志力です。時間を無駄にせず、補足を目的とした撮り直しのためのシーン、わずかな気がかりな部分の撮り直しのためには多くのフィルムのストックを使わず、あらゆることには目的があるのだということを常に一歩前に踏み出して予測しておくこと。多くの日本の映画監督に学ぶことができることなのかもしれませんが、私たちはそれを大島によって徹底的に経験することができました。

私にとっての大島は如何なる場合であっても「演出を始めたその瞬間から、彼の発想、思想の全てをフィルムに納めてみせるというとてつもない才能を持った人」なのです。それは極めて異例です。彼の作品から我々は日本人の精神の深層に切り込んで行くことが出来ました。大島が最高の映画監督として、真の芸術家として、例えばアメリカ合衆国であれほど過小評価されているのは本当に不思議で残念だと思うのです。

最近、この作品を美しいリマスター版のDCP（デジタル・シネマ・パッケージ）で改めて観ることができました。そしてこの『戦場のメリークリスマス』は私の映画製作者としての作品歴にあって、現在でも最も誇りを抱くことができる高品質な一作です。

原正人　『戦メリ』は多国間での映画作りのやり方を教えてくれました。資金調達の仕組み、回収の仕組み、海外のシステム、インディペンデントな映画人がどうすれば国際的な映画を作れるのかという仕組みをいっぱい教えてもらった。完成保証制度や契約や銀行とのやりとりなど。『戦メリ』は作品もさることながら、それをどう組み立てていくのかというバックグラウンドも明らかにしてくれた。あの仕組みはその後の日本の映画界に継承されるべきだったけれど、残念ながらそうならなかった。

本当は私が継がなきゃいけなかったのだろうけど、その後の黒澤明さんと組んだ『乱』で大きなダメージを受けて継ぐことができなかった。

だけど、私は大島さん、黒澤さんという二人の巨匠と一緒に組んで仕事ができていい経験でした。

ただ、お二人とは、もう組みたくない（笑）。大島さんも黒澤さんも自分がプロデューサーだから、外部のプロデューサーって本当はいらないんです。とくに大島さんは自分で企画を立てて資金調達をしてキャスティングまでする映画監督。黒澤さんもそういうところがあって、彼らを支える実務的な役割は必要とされても、本当の意味で「組む」プロデューサーは必要としない天才なんです。

ロジャー・パルバース　大島さんはよく「映画共和国」という言葉を好んで使っていました。国籍も人種も関係ない共和国。大島さんはその言葉通りの共和国の雰囲気を『戦場のメリークリスマス』の撮影現場で作って、私たちはみな人生のうち6週間から7週間、映画共和国の市民になれたのです。

大島さんは「敵の心理や思いを込めないで戦争映画を作ると、それは本当の反戦映画にはならない」と言っていました。「敵」は日本人にとっては西洋人だし、西洋人にとっては日本人。「敵」ではなく、自分たちの苦しみや悲しみだけを描くのではなく、同時に「敵」の苦しみや悲しみも描かなくてはならない。相手が何を考えているか、なぜそうするのかを取りあげないで争いや拷問のシーンを描いても意味がない、それは本当の戦争映画じゃないと。私はとても素敵なことを教えてもらったとそのとき思いました。日本にもアメリカにも「戦争は地獄だ」と自分たちの苦しみを描いている反戦映画は多いですが、大島監督の言う本当の反戦映画は数少ないと思います。

いまの日本は、特定秘密保護法とかある意味では戦前のような状況になっています。そんないまの日本に大島渚がいないというのは日本にとっては非常に大きな損失だと思います。彼がいまも生きていたら、どのような素晴らしい映画を撮って、日本にとっての新しいすばらしい道を示してくれただろうかと思います。

　私は大島渚監督は日本の映画史の上で小津安二郎監督や黒澤明監督と肩を並べる本当に偉大な映画監督だと思っています。私はとくに大島監督の60年代の映画が好きで、当時の日本を舞台に日本の若者たちが出てくるあれらの映画は50年以上の時が経ってもいまだ世界的な普遍性を持っているし、教わること、気づかされることがたくさんあります。

『戦場のメリークリスマス』を支えた俳優たち

【石倉民雄】

軍律会議検察官を演じる。１９４７年生まれの石倉民雄は、本作のほか数多くの映画、ドラマでバイプレイヤーとして存在感を発揮している。

【内田裕也】

セリアズを裁判にかけるため収容していた拘禁所の所長を演じる。１９５９年にミュージシャンとしてデビュー。以降、グループサウンズやロックなど多くのバンドで活躍し、ソロに。１９６０年代前半から、役者として多くの映画、ドラマに出演。１９８６年の『コミック雑誌なんかいらない』では各映画賞の主演男優賞を受賞した。２０１９年逝去。

【ジョニー大倉】

俘虜と通じたとして処刑される朝鮮人軍属カネモト役。１９７２年に矢沢永吉とロック・バンドのキャロルでデビュー。キャロル解散後の１９７５年に映画『異邦人の河』に主演し、俳優としてデビューする。１９８１年の映画『遠雷』では日本アカデミー賞優秀助演男優賞を受賞。２０１４年逝去。

【金田龍之介】

軍律会議審判長のフジムラ中佐役。数多くの映画、ドラマ、舞台で悪役、脇役を中心に活躍。２００９年逝去。

【戸浦六宏】

軍律会議での通訳を演じた。京都大学在籍時に大島渚と知り合い、学生運動を共にする。大島渚が映画監督としてデビューすると１９６０年の『太陽の墓場』から

1970年代の作品のほとんどに出演し、大島組の一員と目される。1993年逝去。


【ジャック・トンプソン】

収容所俘虜長のヒックスリを演じる。1971年のデビュー以降、生国のオーストラリアで俳優のキャリアを積み重ね、本作のほか『真夜中のサバナ』（1997年）、『スター・ウォーズ　クローンの攻撃』（2002年）など国際的な映画にも多く出演している。国内外で数々の賞も受賞。


【内藤剛志】

軍律会議でイワタ法務中尉を演じる。1980年の俳優デビュー以来、数多くのテレビ・ドラマ、映画に出演している。


【本間優二】

ヨノイを信奉し、そのためにセリアズを殺害しようとしたヤジマ一等兵を演じた本間優二はもともとは俳優の宇梶剛士も在籍していた暴走族ブラックエンペラーの3代目総長。その後俳優に転身して1980年には映画『十九歳の地図』で主演して第一回ヨコハマ映画祭で最優秀新人賞を獲得。以降、多くの映画やテレビドラマに出演したが、1989年に俳優業を引退した。


【ジェイムズ・マルコム】

障害を持ったセリアズの弟役。ニュージーランドで幼少時よりボーイ・ソプラノの歌手として修練を積み、本作に抜擢された。現在はオークランドを拠点にシンガー・ソング・ライターとして活躍中。


【三上寛】

セリアズをいたぶる残忍な憲兵隊長イトウ役。1971年にデビューしたフォーク・シンガーだが、1974年に寺山修司監督の『牛』で俳優業も始め、以降、独特の存在感を発揮して多くの映画、ドラマに出演している

【三上博史】

一兵卒役。1979年公開の寺山修司監督の『草迷宮』でデビューし、その後も順調にキャリアを積み上

げていたが、『戦場のメリークリスマス』の企画を知り、名も無い一兵卒役であってもと出演を志願した。

【室田日出男】

ヨノイの後を受けて収容所長に赴任するゴンドウ大尉役。1960年代から主に悪役俳優として活躍し、1970年代には川谷拓三、志賀勝らと悪役専門グループのピラニア軍団を結成。軍団としてレコードも出し、そこでは本作出演の三上寛がプロデュースし、アレンジャーとして坂本龍一も参加していた。2002年逝去。

書籍『戦場のメリークリスマス　知られざる真実』参考資料一覧

『戦場のメリークリスマス』（ローレンス・ヴァン・デル・ポスト著　新思索社）
『戦場のメリークリスマス　パンフレット』（松竹株式会社事業部）
『シナリオ　戦場のメリークリスマス』（大島渚著　思索社）
『戦場のメリークリスマス　資料集』（非売品　ヘラルドエース社）

『月刊イメージフォーラム　1982年10月号』（ダゲレオ出版）
『月刊イメージフォーラム　1983年５月号』（ダゲレオ出版）
『キネマ旬報　1983年５月号』（キネマ旬報社）
『アリーナ　サーティセブン　第３号』（音楽専科社）
『少女のための耽美派マガジン　ALLAN　第14号』（みのり書房）
『月刊GOUT　創刊号』（松文館）
『月刊宝島　1982年12月号』（株式会社JICC出版＜現・宝島社＞）
『月刊宝島　1983年１月号』（株式会社JICC出版＜現・宝島社＞）
『月刊宝島　1983年３月号』（株式会社JICC出版＜現・宝島社＞）
『月刊宝島　1983年10月号』（株式会社JICC出版＜現・宝島社＞）

『戦後50年映画100年』（大島渚著　風媒社）
『カンヌ映画祭』（中川洋吉著　講談社現代新書）
『フィルムメーカーズ９　大島渚』（田中千世子編　キネマ旬報社）
『月刊Switch　2010年２月号』（スイッチ・パブリッシング）
『大島渚と日本』（四方田犬彦著　筑摩書房）
『君たちはなぜ、怒らないのか-父・大島渚と50の言葉』（大島武、新著　日本経済新聞社）

『デヴィッド・ボウイ　神話の裏側』（ピーター＆レニ・ギルマン著　CBSソニー出版）
『評伝デヴィッド・ボウイ　日本に降り立った異星人』（吉村栄一著　DU BOOKS）
『デヴィッド・ボウイ　インタビューズ』（ショーン・イーガン編）

『戦場のメリークリスマス』参考資料一覧

『私の中の日本軍』（上・下）　山本七平　＜文藝春秋＞
『一下級将校の見た帝国陸軍』　山本七平　＜朝日新聞社＞
『脱走日本兵　-インドネシア独立戦争の陰に』　奥　源造　＜毎日新聞社＞
『ジャワ終戦処理記』　宮元静雄　＜ジャワ終戦処理記刊行会＞
『私記・一軍人六十年の哀歓』　今村　均　＜芙蓉書房＞
『アレン少佐のサイン』　庄野英二　＜岩波書店＞
『泰緬鉄道の奴隷たち』　レオ・ローリングズ／永瀬　隆訳＜青山英語学院＞
『ジャワ進駐の思い出』　内海信夫　＜五月書房＞
『大東亜戦争秘録　天国から地獄へ　南方侵攻作戦の栄光と戦犯死刑囚の屈辱』
　　岡崎清三郎　＜共栄書房＞
『幽囚回顧録』　今村　均　＜秋田書房＞
『戦争裁判　南洋群島（米軍法廷）』　坂　邦康　＜東潮社＞
『史実記録　戦争裁判　蘭印法廷（オランダ関係）』　坂　邦康　＜東潮社＞
『史実記録　戦争裁判　上海法廷（米軍関係）』　坂　邦康　＜東潮社＞
『比島とその戦争裁判　惨劇の記録』　坂　邦康　＜東潮社＞
『私のインドネシア　第十六軍時代の回想』　山本茂一郎　＜日本インドネシア協会＞
『赤道下の朝鮮人叛乱』　内海愛子・村井吉敬＜サイマル出版会＞
『日系インドネシア人　元日本兵ハッサン・タナカの独立戦争』
　　栃窪宏男　＜サイマル出版＞
『天皇のお客さん　書かれざる戦史、日本捕虜収容所』
　　ジョン・フレッチャー・クック／江藤　潔訳＜徳間出版＞
『戦闘綱要』　九島信夫　＜池田書店＞
『作戦要務令』　九島信夫　＜池田書店＞
『歩兵操典』　九島信夫　＜池田書店＞
『ふるさとヨ聞イテクレ！！　絞首台に消えた学徒軍人の遺稿　現代資料室編』
　　現代資料室　＜東潮社＞
『史実記録　戦争裁判（英領地区）』　現代資料室／坂　邦康　＜東潮社＞
『MILITARY WORD Uniforms & Equipment 各国軍装装備品』　中田忠夫　＜白金書房＞
『日本陸軍兵器集　日本陸軍の全装カタログ』　名取孝重
　　＜KKワールドフォトプレス＞
『大日本帝国陸海軍　軍装と装備　明治・大正・昭和』　中田忠夫　＜中田商店＞
『アサヒグラフに見る昭和の世相-5　（昭和17年～20年）』　＜朝日新聞社＞

『日本憲兵正史』　＜全国憲友会＞
『大東亜戦争全史』　　服部卓四郎　＜原書房＞
『蘭印攻略作戦』　防衛庁防衛研修所戦史室　＜朝雲新聞社＞
『赤道下の朝鮮人叛乱』　内海愛子・村井吉敬　＜勁草書房＞
『インドネシア　-その文化社会と日本』　インドネシア研究会
　早稲田大学社会科学研究所　＜早稲田大学出版部＞
『神話と芸術の島　バリ』　hans hoeter　＜ apa production ＞
『南アフリカの全て』　南アフリカ情報省　-0001 プレトリア　Private Bag X152 で発行
『大日本兵語辞典』　原田政右衛門　＜国書刊行会＞
『日刊インドネシア　昭和55年（1980年）4月号《第389号》』
　＜財団法人日本インドネシア協会＞
『ほづつのあとに　殉職従軍赤十字看護師追悼記　「デュナン教研501」』
　＜アンリー・デュナン教育研究所＞
『ほづつのあとに　殉職従軍赤十字看護師追悼記　「デュナン教研502」』
　＜アンリー・デュナン教育研究所＞
『外地に残る日本の戦歴　《南方編》』　＜朝日新聞社＞
『戦争映画大カタログ　戦後公開された戦争映画全リスト』
　＜KKワールドフォトプレス＞
『一億人の昭和史・日本の戦史 8　太平洋戦争 2　フィリピン、蘭印作戦、珊瑚海海戦』
　＜毎日新聞社＞
『PHILIPPINE YEAR BOOK　1979』
　Republic of the Philippines
　NATIONAL ECONOMIC AND DEVELOPMENT AUTHORITY
　NATIONAL CENSUS AND STATISTICS OFFICE Manila
『SLAVES OF THE SON OF HEAVEN』　R. H. WHITECROSS
『Guide to java』　Peter Hutton, Hans Hoefer
『Army Uniforms of World War 2　Blandford Colour Series』
　Andrew Mollo, Malcom McGregor
『THE BAMBOO EXPRESS』　Benjamin Dunn
『私の軍政記　インドネシア独立前夜』　斉藤鎮男　＜財団法人日本インドネシア協会＞
『続　一軍人六十年の哀歓』　今村　均　＜芙蓉書房＞
『虜人日記』　小松真一　＜筑摩書房＞
『ガダルカナル戦記』（第一巻～第三巻）　亀井　宏　＜光人社刊＞

『月刊イメージフォーラム　1982年10月号』（ダゲレオ出版）

戦場のメリークリスマス　大島渚・ロングインタビュー

クランクイン直前の大島渚の高揚したロング・インタビューを再録します。一部、現代の基準では不適切と思われる表現があるほか、本書本文と表記などが異なる部分がありますが、時代の証言としてそのまま掲載します。一部の小見出しのみ整理しました。

ヴァン・デル・ポストの原作を読んで、次回作は断固これだ！　と思った

今日、「朝日ジャーナル」を読んでいたら、新人監督がアンケートに答えている記事があって、大体はつまらない答だったんだけども、誰だったかな、一人、「次回作は？」という質問に、「次回作というのは全て、構想は練っていても突然始まるものなんだ」と答えていた人がいて、これはなかなか見所のある男である、と思ったんです。

僕なんかも、いろんなことをいつもやりたいと思っているんだけど、それが決定的になるためには、やはりある瞬間が必要なんで、それを僕は、スタンダールが「恋愛論」で書いている〝結晶作用〟といっているんだけど、つまり、この素材を、こういう形で、こういう予算で、こういうやり方で、こういう人達にみせるために作る、ということが決まる一瞬があると思うんですね。ただそういうことからすると、今度の『戦場

のメリークリスマス』というのはかなり例外で、これはもう非常に簡単に、原作を読んだ時にやりたい！と思ったんですね。

やりたいし、断固として次回作はこれに決めた、と思ったのが一九七八年の暮でして、七八年というと、ちょうど『愛の亡霊』をカンヌへ出して監督賞を取って、それで日本で封切った年ですから、その意味では、皆さんは私が怠けていると思っているけれども、全然怠けてはいないのであって、『愛の亡霊』と直結しているんですなあ(笑)。

で、まあ、ローレンス・ヴァン・デル・ポストという作家の名前は、僕は全然知らなかったわけなんですけど、〝日本軍の鬼軍曹ハラと云々……〟という腰巻の文章をみて、何となく気になったというか、ピンとくるものがあったんですね。それで読んだら、ちょっと読みづらい文章なんです。現在のアメリカやイギリスの作家というのは、どちらかといえば非常にコマ切れの文章を書くんだけれども、ヴァン・デル・ポストの文体というのは、ものすごくキザなくらいひねくった長い文体なんですね。それで、なかなかうまく訳せないらしく、翻訳は非常に読みにくいですね、率直にいって。

最初、非常に読みづらかったんだけど、読むにつれてぐいぐい引きつけられる所があって、それはひとつは文章の力、もうひとつは人間のキャラクターの面白さ、三つ目は、まあ彼の持っている哲学みたいなものですね。

原作は三部に分かれていて、トータルには、クリスマスの日に戦争をいっしょに体験した友達が、別の所へ訪ねてゆくというので締め括られているわけですね。その中で三つの話が語られている。第一話は、ロレンスという男の第二次世界大戦中の日本軍の捕虜収容所での体験がベースになっていて、ハラという日本軍の鬼軍曹―今度ビートたけしがやるんですが―とロレンスの物語。第二話はジャック・セリエという南ア出身の英国軍将校―これはヴァン・デル・ポストにとって、若干、自伝的な所があると思うんですけど、非常に秀才で眉目秀麗な男で、デヴィッド・ボウイがやるわけですが―、が戦場に来ての話と、また彼にはせむしの弟がいて、青年時代のこの弟への対応の仕方について、彼は戦場に来てからも非常に罪悪感を感じている。そういう男が捕虜収容所の中で何をするかという話。第三話は、この小説の中に唯一女性が出てくるんですが、この女性とロレンスとの一夜の恋の物語、という三部からなっているんです。

その中で面白いのは、文体の魅力とキャラクターとさっきいいましたが、日本人としては、ハラという鬼軍曹ともう一人、セリエに絡む捕虜収容所の所長のヨノイという男が出てくる。これは、いわゆる日本軍人の二つの典型であって、ハラが鬼軍曹であるとすれば、ヨノイは、いってみれば二・二六事件をやったのではないかといわれるような青年将校なんですね。その二人と、イギリス人の方はセリエとロレンス。それともう一人、小説には語り手である主人公が出てくるんですが、これは映画の中では省いてしまって、結局四人の関係がある。その四人のキャラクターが絡みあう。特に日本人の性格がガチッとして描けているんですが、これには実はバックグラウンドがあって、ローレンス・ヴァン・デル・ポストという作家は南アフリカの貴族の出身で、十九歳ぐらいの時に日本人と知り合うんですね。

それはどういうことだったかというと、ちょうどその頃、日本で南アフリカへの船の航路が始まって、第一号の船で日本に来るんですね。その時の船長のキャプテン・モリ―森勝衛という、いまでも九十何歳で大変かくしゃくとしてらっしゃる大キャプテンなんですが―と酒場で会って親しくなるんですね。で、ヴァン・デル・ポストともう一人の友達が、森キャプテンのお客になって、一年間、日本へ来るんですね。これが昭和二年なわけ。彼は日本に来て、すごく感激して帰ったんですが、そろそろ満州事変とかいろんなことで、日本が国際社会から孤児になるような時代なんだけど、そういうことで、彼は日本擁護の筆を執るわけです。

ところが奇しき運命というものがあって、彼は第二次大戦に従軍していわゆる英国の将校になり、ジャワで結局、日本軍に捕えられて捕虜になるんですね。で、彼は日本語が出来るというので、一種の連絡係のようなことをやって、日本人との交渉が非常に深かった。彼はそういう捕虜収容所の体験、あるいは日本滞在の体験を踏まえて書いているので、日本人が大変よく書けているんです。

神と神とのぶつかりあいによってドラマが起きる

そういうことをいうと、すぐ思い出すのは、『戦場にかける橋』という映画なんですが。主演のウィリアム・ホールデンが、あの映画の出演交渉を受けた時に、何でこんなつまんないものをやるんだ――『戦場にかける橋』というのは、原作がフランス人の書いた通俗小説なんですね――、どうしてヴァン・デル・ポストをやらないんだ、といったというエピソードがあるんだけど、それぐらい、英米である程度の知的な人には大変受けていた小説なんですね。

ヴァン・デル・ポストは、いちばん最初にハラとのエピソードを出してくるわけですが、これが出た時、イギリス本国では大変な賛否両論というか、むしろ非難する声の方が高かったらしいのね。というのは、つまり、日本人を良く描き過ぎている、ということで非難が多かったらしいんです。

そんなふうに、日本人がキャラクター的にも哲学的にも大変よく描けている。それともうひとつ、ロレンスというのは、一種ヨーロッパ合理主義の軍人みたいな人物なんだけども、セリエの方は、ちょっとミステリアスというか、いつも弟に対する原罪ということを考えているような、また別の神秘性を持った人間なんですね。

で、僕のトータルな映画のイメージとしては、やはりヨノイも一種の日本の〝神〟であるし、ハラもまた〝神〟なんですが、その神には、西洋合理主義だけでは抵抗できないわけで、そこでセリエというもう一人の神というか、異神というか、異国の神が登場することによってドラマが起きる、そのぶつかり合いがとても面白い、というふうに感じたんですね。

最初に名前が上がったのが、ロバート・レッドフォードだった

僕は、ここ一〇年以上、映画をやろうと思った時は、まず美術監督の戸田重昌に相談することにしているんだけど、彼もすぐ読みまして絶対これはいいといってくれたんで、一直線に、闇雲にこれをやろうと決心したんです。

で、まず何をしたかというと、原作権を取ろうということで、翻訳をした東大の由良君美教授に連絡をとってもらったら、出版社はホガース・プレスという、イギリスの大変有名な出版社で、そこを通じてポストさんに手紙を書いてくれないかといわれまして書いたんですが、そうしたらポストさんからも大変感激したと

いう手紙が来ました。

彼は、第二次大戦後は、しばらくジャワで顧問みたいなことをするんだけども、それからイギリスの方へ帰って小説も書き、あと、南アフリカでいろんなブッシュマンを撮っているんですね。ドキュメンタリー映画の作家でもあるんです。そういう非常に幅広い活動をしていて、それから三年、僕の映画化がなかなか進まないうちに彼はサーになって、ごく最近ではチャールズ王子の息子のウィリアムの、四人のゴッドファーザーの一人に選ばれたわけですね。そういう意味で、イギリスでは尊敬されている作家なんですが、なにしろ大変な教養人なものですから、手紙も、たとえばアメリカ人とやりとりするような簡単な事務的な手紙じゃなくて、必ず何枚にも及ぶような長いのを、凝って凝って書いてくるんだよね(笑)。これをいちいち読んで返事を書くのは本当に往生したんだけどね(笑)。

まあ、事務的な映画化権を与えるということについては全く異議がなくて、非常にいい条件で映画化権をくれたんですね。

「フラミンゴの羽」というヴァン・デル・ポスト選集の二回目に出た小説があるんですが、これをかつてヒッチコックが映画化しようとしたことがあるんですね。これはヒッチコックの公式記録にも残ってて、やはり南アフリカを舞台にした政治的スリラーに、ヒッチコックはしたかったらしいんですね。実際、政治的スリラーなんですが、政治的にかなり尖鋭な部分があって、結局実現しなかった。そういう意味では、ポストさんにはかなりいろんな映画化の申し込みはあるんだけども、今まではあまりうまくいってない。で、今度日本人の大島渚が映画化してくれるのはうれしいと――僕の映画も何本か観てくれたらしい――非常に快諾してくれたんです。それが七九年の夏過ぎぐらいだったんですね。

それで、さあやるんだ、とシナリオを書き始めるんですが、この本には少数のファンがいて、皆、この三部作をどういうふうに映画化するんだろうということについては、あらぬ推測などをしてたらしいんだけど、僕は初めから三部をまとめて一緒にやりたいという考えをもっていて、シナリオを書き始めたわけです。で、いよいよお金捜しということになったんですが、ちょうどその頃、日本映画はやや大作ムードで、たとえば『復活の日』であるとか『影武者』であるとか、まああのぐらいのレヴェルでいこうと考えてたわけです。それともうひとつは。『愛のコリーダ』と『愛の亡霊』の二本、合作をやりまして、いろいろ合作の有意義さはあるんだけど、同時にやはり面倒なこともあるので、出来れば今度は全部、日本の資本でやりたいということで始めたんです。

オーシマの仕事は尊敬しているけれど、この映画には出られない

ところがなかなかお金が出来なくて、更に困った事には、八〇年になって『復活の日』と『影武者』が封切られ、両方とも予期の成果を上げなかった。つまり大作だからある程度の客は来たものの、完全にペイするところまではいかなかった。なんとなく大作敬遠ムードというのが出てきはじめたんですね。その辺が、僕が直面した困難のひとつであったと思うんです。

それをなんとか突破するには、やはり外国のスターを使わなければいけない、ということが出てきたような気がするんですね。つまり、脚本を映画会社の首脳部にみせても、これがどういうふうにして映画になる

のか、皆、見当がつかないわけです。僕だって全てが初体験なわけ。外国でやるということも、英語を使ってやるということ、向こうの役者を使うということでもね。外国のスターを使うといっても、一体いくらで使えるのかなんて全然見当がつかないし、はっきりいえば予算も立たないわけよね。

そういうことも含めて、二の足を踏んだんだけど、しょうがないからスターを摑まえるということで、最初に名前が上がったのがロバート・レッドフォードだったのね。なぜロバート・レッドフォードの名前が出たのかというと、ヴァン・デル・ポスト自身がエコロジストというか環境保護運動家で、レッドフォードとはその点での知り合いで、お互い尊敬し合っている。それで、彼が今度、日本のオーシマという監督でこういう映画をつくるという話をしたら、レッドフォードが興味があるから是非シナリオを読みたいといったんで、シナリオを彼に届けて、会いにいったんです。

ところが、この辺が問題なんだけど、向こうの人の考えでいえば、やりたいといっている、会いに来いといっている、じゃあすぐ来ればいいじゃないかと思うかもしれないけれど、こちらはなかなか会いに行く飛行機代がないわけですよね(笑)。

ところが、ちょうどうまいことに、八〇年の二月から三月にかけて、『愛の亡霊』をアメリカで封切るというんで、そこの配給会社がキャンペーンに来てくれと僕を呼んでくれたんですね。これは非常にラッキーで、サンフランシスコから始まって、ボストン、ニューヨーク、それから再びロスへ帰るという、大急ぎでアメリカを一周するような旅だったんですが、そのプロセスでレッドフォードに会う予定を組んだんです。それで、ニューヨークでレッドフォードに会ったわけですが、彼はフランクな男で、「オーシマの仕事は尊敬しているけれども、シナリオを読んでみて、この映画には自分は出られない」というんですね。理由はどういうことかというと、結局、この映画に描かれた日本人の在り方というのは、アメリカの観客に理解されないだろう、たとえば、それは日本軍が処刑したりするのも含めて、どうしてそういうことをするのか解らないというんです。

それで僕は、しかし、それは初めから解らないのはあたり前で、初めから解るならこんな映画を作る気は全然ないし、初めは解らなくても映画の最後になって初めて解る、そういう映画を俺は作りたいんだ、それが俺の映画の作り方だ、といったんです。

すると、彼は、それはよく解るし、そいう作り方をするオーシマを大変尊敬するけれど、率直にいって、アメリカの映画の観客というのは、アタマの15分で解らないと出ていっちゃうし、アタマの15分で解らないような映画は観にこないっていうんだな。

これを聞いた時に、なるほどアメリカのスターというのはこういうものか、ということが非常によく解りましたね。今から考えると、彼はその頃すでに『普通の人々』を準備していたわけで、そういう意味では、彼は俳優としてエネルギーを使うよりは監督業の方に興味があった、ということも断った原因のひとつだろうと思うんだけど、それと同時に、そういうアメリカの映画観客の一般的嗜好をバッチリと踏まえているという点においては、やっぱりアメリカのエスタブリッシュメントだなという感じが非常にしましたね。

これは僕のひとつの持論なんだけども、俳優の脂が乗っている時期というのは、三〇の初めから三〇代の後半、三六、七までなんだな。四〇の声を聞くと、どうしたって俳優というものには動物的精気が失われるんですよね。だから逆に、そういうソフトになったがゆえに人気が出てくる俳優さんもいるけれども、本当に生々しい魅力みたいなものはちょっと失われる。で、やっぱりそうやって会ったレッドフォードというのは、すごく素敵なジェントルマンではあるけれども、もう、ちょっと荒々しい精気みたいなものは感じられなかったんで、そういう意味では負け惜しみもあるかもしれないけれど、これは実らなくてよかった、という気持ちで帰ってきたわけですね。

当時、すでに新聞なんかでレッドフォードの名前も出てたものだから、多少は映画会社、TV会社に話をした時なんかも、本当にレッドフォードが出るんならちょっと乗ろうかっていうね、みんなズルイわけだ(笑)。どうしたってそういうことがあるのね(笑)。

それでレッドフォードが駄目だったらちょっと辛いなと思った頃と、ちょうど大作がどんどん敗北してゆく時期が重なって、これは非常に辛いことになってきたわけですね。もちろん日本の役者も決めなくちゃいけないし、いろんなことがどんどん出て来て、何とか立て直さなければしょうがない、ということになったんですね。ひとつは、俳優さんは誰を使うかということと、到底日本だけでこの映画を作るのは無理だから、何とか外国で少し資本を摑んで、それを呼び水にして日本の映画会社の金を引き出すという方法しかないことに気がついたんだな。これが大体、八〇年の秋ぐらいですね。

シナリオを読んだボウイは「エキサイトした。すぐ会いに来い!!」

スターの点に関しては、ロバート・レッドフォードが駄目になった後、すぐに思いついたのがデヴィッド・

ボウイで、これは率直にいえば、例の「純」なんていうTVのコマーシャルなんかにも出てた頃で、ふっと事務所で誰かがいい出した。

考えてみたら、セリエという男のもっている精神的な強さ、貴族性、カリスマ性みたいなものからいえば、非常に向いているんじゃないか、と思いましてね。で、どういうふうにコネをつけたらいいだろう、といろんな人に相談したら、変な、いわゆる音楽マネージメントみたいなものを仲介しないで、じかに手紙を書いて脚本を送った方がいい、とサジェッションしてくれた奴がいまして、早速手紙を書いたんです。

そうしたら、非常に興味があるというのでシナリオを送ったところ、自分はエキサイテッドしたのですぐ会いに来てくれ、という返事が来て、私はまたこれで飛行機代を使うわけですけどね(笑)。それが大体、大統領選挙のちょっと前ですから、十月の終わり頃だったと思います。で、ニューヨークで彼に連絡をとったら、ちょうど彼は舞台で「エレファントマン」をやっていて、切符をとっといてくれたんで、彼に会う前に観たんです。

で、観たら、僕は本当にびっくりしたんだけど、彼はうまいんですね。ことに舞台の上で裸でやるわけだから大変な迫力なんです。

僕は、率直にいって、彼は専門は歌だから、俳優としては下手でもかまわないし、むしろ下手の方がいいぐらいに思っていたわけ。もともと、僕は歌うたいが好きで、『日本春歌考』で荒木一郎を使った時もいったんですけど、〝一に素人、二に歌うたい、三、四がなくて五に映画スター、六、七、八、九となくて十に新劇〟というくらいなものなんで(笑)、下手でも構わないと思ってたわけね。舞台をみると本当にうまい。訊いてみるとパントマイムのレッスンをずっとやっていて、本来、自分の仕事は俳優であると考えているらしい。

で、彼の事務所へ行って会いましたら、非常に感じがよかったんですね。キンキラキンの衣装なんかじゃなくて、白のプレーンなシャツを着て水か何か飲んでまして、非常にフランクに話が出来たんです。

彼は是非これをやりたいといってくれたんですが、唯ひとつ、英語の台詞としてこなれてないと。それは無理もないんで、僕が日本語で書いてそれを翻訳しているだけだから、つまり英語の台詞になっていない。これはやっぱり誰か英国のライターを使ってシェイプ・アップさせる必要があるんじゃないか、と彼はいったんです。じゃあ誰かいい人を思いつかないかって訊いたら、何人かの名前をあげましたが、僕はその時、彼の人柄をみたような気がしたんだけど、そういうことについて積極的に自己主張をする男ではないのね。

僕は割合、誰の意見でも取り入れる、非常にフレキシブルな男だと自分では思っているので(笑)、僕はそういう男だと、だからどんな意見でもいってくれ、といっても、あんまりいわないのね。もし君が音楽をやってくれる気があるんなら、どうぞ音楽もやって欲しい、といっても、それも全然乗り気じゃないのね。つまり彼は、この映画に俳優として出るということに非常に集中していて、それ以上余分なことを主張するようなタイプではないんだな。つまり〝噛み屋〟じゃないんだね。いろんなことまで噛んでくる奴がよくいるでしょう。僕はそういうの好きなんだけど、彼は違うのね。非常にひかえめというか純粋と言うか、集中していくような人柄を感じましてね。その辺は非常にうれしくて、お金の話も少しは出したんだけど、いや我々はとにかく今一緒にやろうという話をしただけであって、お金のことなんか後でいいじゃないか、といってくれたのね。その言葉も大変うれしくてね。だからこれは脚本のことさえ片づけば全ていいであろうということになって、勇んで日本へ帰りましてね。で、結局、外国のいわばパートナーをどこで捜すかということになった時に、いろんな人にも相談したんだけど、結果的によしやってやろうといってくれたのがヘラルドの原正人さんだったのね。

まだ、ヘラルド・エースという新しい会社ができる前で、彼がヘラルド映画の営業本部長だった時代ですね。

僕は原さんとは一緒に仕事をしたことはないんだけど、年齢的に大体、同年代、彼は早稲田で、僕は京大だけど、同じ時期にいわばいろんな運動とか映画だとかをやっていたこともあって、パーティなんかで会うと、割合親しく話をする仲ではあったんですね。で、前から一緒に映画をつくろうという話をしていた。

彼は、もともとは僕の子供の映画が好きだというんだね。一本いい子供の映画をつくろうというのが、彼が前からいってくれてたことなんだけど、僕が前にいった例としてはね、たとえば僕はサリンジャーのものでやりたいのがあるんですよね。「鬼面の男」というのがあるでしょ、あれを僕は前からやりたいと思ってたのね。でも、サリンジャーは映画化を絶対許さないんで、これは駄目な話なのよね。まあ、そんな話を原さんとしたことがあって、彼とはそういう仲なんです。

で、こういうことで難渋しているんだけど、やっとまあ、どうやらボウイは出られそうな気がする。あと、とにかく外国のお金をなんとか摑むことが日本の映画会社を乗せる唯一の条件ではないだろうかということで、原さんがロンドンに駐在している吉崎道代さんに話をしてくれたんだな。吉崎さんが早速、非常に積極的に動いてくれて、結局、最終的にジェレミー・トーマスという若いプロデューサーにコンタクトをとってくれた。

デヴィッド・プットナムという、『小さな恋のメロディ』を作ったプロデューサーがいますが、彼が今のイギリスの若手ナンバー1と呼ばれるプロデューサーだけど、恐らくジェレミー・トーマスというのがナンバー2であろうというのが吉崎さんの話で、このジェレミーが大変乗ったというので彼に会ったらいいんじゃないかということで、やっとジェレミーと会うのが八一年の正月なんだな。

『ジェラシー』のジェレミー・トーマスがプロデューサーに

ちょうどアボリアッツ映画祭へ審査員として行きまして、帰りにパリに着いて、そこでジェレミーがロンドンからパリへ飛んできてくれて、吉崎さんと一緒に会ったんですね。

すると、俺のことを覚えてるだろう、とはいわなかったけど、顔をみてすぐ解ったのね。なぜ覚えていたかというと、カンヌの七八年の映画祭で、僕が『愛の亡霊』で監督賞をもらって、彼がプロデュースしてイエジー・スコリモフスキーが撮った『シャウト』という映画がありますけど、これが審査員特別賞だったのね。

それで授賞式もパーティもずっと一緒だったわけ。彼も大きい男だし、僕もフランス人なんかと一緒にいると大きいんだよね。僕の頭もチリチリだし、ジェレミーもチリチリなんで、そんなことで俺たちは似てるなんて朗らかに話をしたことがあるんですね。

彼はまだ非常に若くて、三〇そこそこなんですよね。だけど体が大きい、太った、まあいかにもプロデューサーらしいというか、プロデューサーとしては得なタイプだと思うのね。楽天的なんだよ。いつも〝ユー・アー・トゥ・オプティミスティック〟っていうんだけど、いつだって彼はオプティミスティックなんだな。うまくいく、うまくいく、っていうわけよね。

で、パリのホテルで会いまして、よし、それじゃとにかく俺が全部一生懸命やるから心配するな、というようないい方をする男なんだよね(笑)。

イギリスには昔、ラルフ・トーマスという監督がいましてね。これは多作であった有名な監督で、デヴィッド・リーンが岸恵子でやるはずだった『風は知らない』なんていう映画があって、結局、デヴィッド・リーンがやめちゃって、それをラルフ・トーマスが撮ったんです。それと、ディケンズ原作の『二都物語』だとか、とにかくイギリスでは大御所の、いわば職人監督なんですが、ジェレミーは彼の息子なのね。

そんなことで彼は映画界に早くから足を踏み入れて、三〇ちょっとで、すでに五、六本の映画作品がある。最近、日本で封切られた作品でいえば、ニコラス・ローグの『ジェラシー』をつくっているし、そういう意味では非常にバリバリの男なんです。

それで、まあ彼がプロデューサーをやってくれることで、どうにかいけるという感じになってきたわけね。日本の方も、それじゃあ、どんどん詰めようということで詰め始めたんだけども、結果的に今度の合作交渉の中で一番難しかったことは何かといえば、やっぱりこれがフィフティ・フィフティの合作だった、ということだという気がするんですね。

フィフティ・フィフティの合作というのがいちばん難しかったね

どっちかに決定的な主導権がある合作であれば、これでやれと、俺は全部これでやるんだと、お前が駄目ならいらんぞと、誰か他に連れてくるというやり方をすれば、すごく楽なわけです。

『愛のコリーダ』と『愛の亡霊』の場合は、両方とも向こうに決定的な主導権があったから、こっちとしては向こうのいう通りしなければならなかった。しかしそれは逆に楽なんですね。こっちとしては向こうのいう通りやってればいいんだし、向こうも技術的な内容を別にすれば、予算から何から全部俺が組む、ということですから。

でもフィフティ・フィフティというのは非常に難しくてね。つまり向こうが条件を出せばこっちも返すというふうに積み上げてゆくわけでしょう。で、向こうの条件が整ったというと、こっちの条件が整わなかったり、こっちの条件が整うと、向こうの条件が整わなかったり、まあそういうことがいろいろプロセス的にあったわけですね。

で、結局、ジェレミーが現場のプロデューサーではあるんだけど、彼はやっぱり金を集めるプロデューサーじゃない。その上にテリー・グリーンウッドという男が付いてくれて、彼はもっぱら経理畑で映画界にデビューした男なんだけども、例えばロマン・ポランスキーの『反撥』や『袋小路』、こういうものを若き日にやっているような男なんですね。

それで、いろんな映画にファイナンスのプロデューサーとして参加している。最近でいえば東和が入れた『クリスタル殺人事件』なんかも彼のプロデュース作品ですね。彼がジェレミーを自分の若い息子のように可愛がっていて—可愛がっているといっても、テリー自身もまだ五〇ちょっと前の若い男ですけど—彼が金策をするということで始めて、それでとにかく日本側のお金と合わせてやろうということで、八一年いっぱいがその動きだったわけですね。

思い切ってオーストラリアでやらないかとジェレミーがいった

それでもまだ幾変転がありましてね。なぜ変転があるかというと、結局これはやはり独立映画なわけですね、国際的にいっても。

例えば、ユナイトとかあるいはパラマウントとかが金を出すということではない、つまり、資金源はやっぱり映画界の外から捜さなければならないわけだな。しかし、そういった金というのは、その国の経済状態とか税金制度によって幾変転するんだよね。それでなかなか決まらなくて、最後にこういう結果になるわけだけども、そういうことで大体、大丈夫だけども、一体、最終的にどういう形になるかという詰めまでがいろんな意味で大変だった。

ひとつのケリが八一年の暮から八二年の初めにかけてつきかけていたんだけども、それでもまだゴシャゴシャしていたんです。

それと、もうひとつは、予算が一体どう決まるかということなんだけど、予算がどう決まるかということになると、最終的にはどこでロケするかということも大変大事なんですね。

その途中で、僕は八〇年の五月には、一度ロケハンにも行っているわけです、インドネシアとフィリピンへね。その時の結論は、実際の舞台はジャワなんだけども、ジャワでのロケーションはちょっと難しい。なぜ難しいかというと、やはり一種の独裁国家ですから許可がおりるのが大変であるわけです。もうひとつは、ホテルの電話ひとつもまともに通じない所ですからね。そういう便利さの点でも非常に難しい。大体、フィリピンでやろうかという腹をかためていたんだけど、八一年の暮にジェレミーが日本に来た段階でいろいろ話をしてて、彼にそのロケハンの写真なんかも見せた。そしたら彼が、思い切ってオーストラリアでやらないか、という提案を出したんですね。

なぜかというと、結局彼もプロデューサーとして自分が一度関わったことがある所でやりたいわけよね。彼は二五歳ぐらいの時にすでに一本、オーストラリアでプロデュースしているんですね。だからスタッフも知っているし、ロケ地も知っている。だからオーストラリアでやろう、というわけですね。

それで、それはいい考えだ、何もかもオーストラリアでやっちゃおうと。ジャワのシーンと思い出のシーンで南アフリカが出てくるわけだけど、南アフリカでロケするのはいろんな意味で大変なんで、となるとどこか別の場所を捜さなくちゃならない。オーストラリアだったら、北の方に熱帯があるし、南の方には当然、南アフリカに似たような所があるから全部できちゃう、それでまとめようということで、大体の話はついたわけなんです。

それが八一年暮の段階で、まあ決心がついて、またジェレミーが来たということが若干日本の新聞にも出まして、その時はオーストラリア行くということになっていた。ところがまた、幾変転があってね。さっきいった税金制度とかさまざまな問題で予定していた金が出ない、ということになって――そういうところが僕はイギリス人のプロデューサーっていうのはすごいと思うんだけど――すぐにオーストラリアとニュージーランドへ飛ぶんだよね。つまりオーストラリアかニュージーランドで金は出ないか、と打診に行くわけですよ。

両方に可能性があったのね。

それで、僕は行きませんでしたけど、今年のカンヌ映画祭に原さんが行って、原、吉崎、それからジェレミー・トーマス、テリー・グリーンウッド、秦早穂子さんと河原畑寧さんもみんな一緒に加わってくれたらしいんだけど、というのは、秦さんや河原畑さんには初めから、原作権をとる辺りから相談をしていたこともあったんで、みんな最終的な詰めをどうするかということをやってくれたらしいんだな。

で、お金というのもいろいろ性格があるでしょう。何でもあればいいっていうものじゃないし、やっぱり変なブローカーが入ってたり、いろんなことがある。それで、トータルには、どうもニュージーランドのお金の方がいいらしい、という結論に達したわけね。

いい結論には達したけども、果たしてニュージーランドでやれるかどうか。ということはつまり、ニュージーランドからお金が出るということになれば、そのお金の、あるパーセンテージは全部ニュージーランドで使わなければならない、ということがあるのね。

ニュージーランドでロケができるかっていう話になるわけよ。ニュージーランド、そんな所で出来るわけないじゃないか、だってこれ熱帯の話なんだよって、電話で秦さんにいったんだけど、そしたら「大島さんね、ニュージーランドにもいろいろあって、ニュージーランド領の熱帯の島があるんだ」っていうわけ。地図を見てくれ、ラロトンガという島へ行ってくれっていうんだよね。ラロトンガなんて聞いたこともないよ、トンガ王国っていうのは聞いたことがあるけど(笑)。で、地図を買ってこさせて見たら、ありました、ありました(笑)。あったけど、遠いのなんのって、ハワイの真下なんだよね(笑)。

地図的にいえば、右にタヒチがあって、左にフィージーがあるという場所で、そんなとこまで行くの？　っていったんだけど、でも結局そこなら出来るというから、いろいろ考えてね。

ちょっと怪しい金だけどもオーストラリアにするか、それともニュージーランドの割合いい金でラロトンガへ行くかと。こういう決断を電話でしなくちゃいけないというのは堪らないんだよね。本当に胃がひっくり返るような感じでね。でも、しょうがないから、とにかくニュージーランドの可能性に賭けようと。ところがまあ、不安だからロケハンをしたいと。俺は忙しいから戸田重昌が行くと。戸田重昌がＯＫといえばやる、という決心をして、戸田さんが白井君という若い助監督を連れていったわけですよ。

待ってろといったら三年かかっちゃった

まあ、これも面白い話なんだけれども、何しろ三年かかっちゃったからね。始める頃に、どうしても助監督をやらしてくれっていってきたのが二人いたんですよね。一人は白井君という、今いった男で、彼は慶応で新聞か何かやってたんだな。で、新聞の取材で一度僕の所へ来たことがあって、なかなか頭も切れるし、真面目ないい青年だなと思ったんだけど、卒業する頃になって、映画に入りたいんですけどっていうから、ああいいだろうと、で、電通映画社を受けましたら受かりましたというから、それはよかった、是非そこへ行けと。俺のところなんか来ない方がいいからね（笑）。そしたらやっぱりやめました、出来れば大島さんの所で仕事をしたいというんだ。困っちゃうんだよね（笑）。じゃあ、しょうがない、これから始まるから待ってろっていったら、三年かかっちゃったんだよね(笑)。

もう一人は、映画村にいて「映画雑徒」というのをやっていた伊藤聡君といって、「大島渚論」なんていうのをそういうところで書いてたり、僕にインタビューしに来たりしてた。彼も別の意味でいい青年なんだけど、彼も、どうしても助監督をやらせてくれというんで、待つかって聞いたら、はい待ちます、とこれも三年で、伊藤君はその間に結婚して子供が生まれて、子供が今や三歳でしょ、もういやになっちゃうよ(笑)。

でも、二人とも三年間待ってたからね、これはすごかったけどね。何の因果か、戸田重昌、助監といっしょにニュージーランド二人旅だってんで大笑いに笑ってさ(笑)。

で、彼が二週間くらいラトロンガへ行って帰ってきまして、やれないことはないと。やりましょうか、といったら、やりましょう、何かで決心しなければしょうがない、ということでやることに決まったのが八二年の五月ですね。

でも、それからが最後の詰めですよ。お金があるある、出す出すといっているけども、本当に出すのかねえ(笑)ということで最後の契約を済まさなければならないわけですよ。日本の契約書とは違って、双方の弁護士が入って、まず、日本の弁護士がオークランドへ飛んで一回帰って来て、ロンドンへまた行って、今度はニュージーランドの弁護士がロンドンへ行って、ロンドンの弁護士と三者協議でやるわけよね。

それが毎日、俺と原さんの所へ電話がかかってきて、原さんも本当によくやってくれたと思うけどね、とにかく、いちいち決断を下さなければならないわけだよね。で、どうにか詰まりました。

なぜ、その辺でバタバタ焦ったかというと、一方で、デヴィッド・ボウイのスケジュールの問題があるわけよね。デヴィッド・ボウイだって、八〇年の秋からずっと待っててくれたわけでしょう。で、その間、何か映画もやってたよね。その間に彼のギャラもどんどん上がるわけでしょう。

日本だとさ、監督が俳優の手を握って、さあやりましょう！　といったら、極端な話、これはタダでも出るっていうこともあるわな(笑)。

ところが向こうは違うわけだよね。出るけども、これはお金はちゃんと取るという話だからね。監督の俺とデヴィッド・ボウイの、そういう約束はしてあるけれども、最後はキチンとお金を払って契約しなければフィックスしないわけでしょう。お金が出なきゃ、フィックスできないわけじゃない。それはデヴィッド・ボウイとしてもね、じゃあ一体どこをあけておけばいいんだと。

緒形拳も滝田栄もNHKの大河ドラマに取られまして

じゃ、八、九、一〇月とあけると彼はいったわけね。これは契約もなしにあけてくれたんだから好意ですよね。しかしやはり最終的には契約をして、しかもホンが直ったのをみてからの上だということをいうわけでしょう。

そういうことがいろいろ重なるわけだよね。それに合わせて日本の俳優さんも決めなくちゃならない。俳優さんにもずいぶん会ったんだけれども、八一年の段階では、大体、滝田栄と緒形拳でやる、ということになっていたんだね。二人とも、是非やりたい、といってくれてた。ところが、何とNHKの忠臣蔵（「峠の群像」）に出ちゃったわけだな。緒形さんは、本当は出るのは本意じゃなかったらしいんだよね。大島の作品があるから断りたい、ということだったらしいんだけれども、俺のところへは、緒形さんがどうしようかと思ってる、大島さんさえＯＫしてくれれば出るんだけど、というふうにＮＨＫのディレクターの方から伝わってきたわけよね。

それはね、俺はやっぱり悪いと思うんだよね。確実に入れるんだったら拘束できるよね。でも、解らないわけだから。こっちはね。

それにＮＨＫの主役といえば、いくら緒形さんでも、三年か四年に一度くらいしか廻ってこないわけでしょう。だから、それはおやりになれば、ってついいってしまったんだな。

で、後で緒形さんは烈火の如く怒ったというか嘆いたらしいんだけど、その緒形さんが今年のＮＨＫで、来年は滝田さんがＮＨＫの大河ドラマで徳川家康らしいんだな(笑)。馬鹿げてると思うんだよね(笑)。結局、両方とも駄目ということになりまして、デヴィッド・ボウイの八月から一〇月というスケジュールに合わせようとすれば、こちらもどうしても決めなければならない。さてどうしようか、といことになった時に、またまた幾変転ありまして、ビートたけしと坂本龍一でいくということになったわけね。

坂本さんの場合は、何といったってああいう優雅なアーティストだから、彼の気持ちでどうにでもなるわけだけれども、何たってたけちゃんマンの方は、レギュラーが週にテレビ八本、ラジオ一本あるわけだから、これはどうにもならないわけよね(笑)。

これをどうするかっていうことになって、まあ、僕はこういう時になると感謝しているんだけども、ビートたけしのマネージャーがすごくいい男でね。大島さん何とかしますよっていってくれて、八月の終わりから九月にかけてという設定をして、バッチリ—まあバッチリでもないけど—スケジュールをあけてくれたのね。デヴィッド・ボウイはたのんで延ばしてもらうことは出来るけど、たけちゃんマンは、これは延ばせないわなあ(笑)。

だから、ふつうはスケジュールなんて助監督が組むもんだけどさ、結局、たけちゃんマンのスケジュールに合わせて、俺がスケジュールを組んでさ(笑)。何が何でもこれに入らなきゃ、というわけでしょう。もう八月二三日、クランク・インというのは確定しているわけだよね。それに合わせてお金を集合させなきゃならないんで、この二ヶ月ぐらいは原さんとうちの事務所の、まあ私の妹ですけれど、大島瑛子はこれは大変だったですね。

その間、戸田さんは戸田さんで五年に一本の仕事だから張り切っちゃってさ、とにかく早く行かなきゃ捕虜収容所は建たないというわけでしょう。それでとうとう六月一一日か何かに行っちゃったですよ(笑)。

結局、スタッフはニュージーランドのスタッフを主に使わなければならない。後、オーストラリアからも来る、ロンドンからも来る、ロサンジェルスからも少々は来るわけだよ。まあ、日本からあんまり大勢行ってもやはり反感を買うだろう、みんな仲良くすることが必要だ、というプロデューサーとの約束で日本から十五人来ると。

でも、戸田重昌はちゃっかりしてるからプロデューサーと話をして、どうしてもやはり向こうの奴を使っていたんじゃ仕事が遅いと、日本の大工はよく働くから、その十五人の他に大工を三人認めろというんだな。そういうのを通しちゃうわけね。実にうまいんだよね(笑)。

美術監督が二人、幡谷、野村さんと進行の白井君ね。小道具が二人、荒川大さんとちゃんと一本立ちしている安田彰一君。こういうのを連れてどんどん自分たちだけで行っちゃうわけよね。まあ行かせなきゃあ仕事が始まらないわけだから。まあ、行って何してるか知らないけど(笑)、とにかく行ってますよ。六月一一日に行ったということは、クランクインの七〇日前に行ったわけですからね。その間はバッチリやるということですよね。

助監督で一人、『愛の亡霊』なんかをやった中畑栞人君というのがいるんですね。彼は大映京都の最後の助監督で、とても秀れてるんだけど、そういうベテランがどうして必要かというと、いわゆる現代物を撮る場合だと何も準備しなくたっていいんですよね。ところが、一種の時代がかったものというのは、いろいろ準備して、服装ひとつあるいは小道具ひとつだって全部用意してもっていかなくちゃならないでしょ。そういうのにオチがあったらどうにもならない。そうなると、やっぱりね、撮影所に昔からいた助監督というのは、実にそういうことができるんですよね。で、特に中畑君はそれができるので彼を連れていこうと。

それから、もうひとり、どうしてもやはり英語という問題がありますので、映画を喋れて、なおかつ日本人のことがよく解る奴ということで、日本人よりも外人の方がいいだろうというんで、結局、ロジャー・パルバースという男になったんです。

彼は今、オーストラリアの国籍で、新潮社から「ウラシマ・タロウの死」なんていう本を出している。彼は不思議な男なんだけど、ユダヤ系のアメリカ人で、ベトナム戦争の徴兵を拒否してアメリカを出ちゃうわけね。そしてポーランドとロシア語のエキスパートになって日本に来るんですね。

日本でポーランド語とロシア語を京都産業大学か何かで教えて、すっかり日本通になって、そういう日本についての小説を書いたりしてたんですが、今はオーストラリアの市民権をとって、オーストラリアにいて芝居を書いたり演出したり、あるいは日本語の通訳をしたりしている、とても秀れた男なのね。

例の井上ひさしさんをオーストラリアへ呼んだのも彼だし、日高六郎さんを呼ぼうとして、これはうまくいかなかったけども、あるいは唐十郎を呼ぼうとしている。

昨年の夏、僕がオーストラリアへ行った時には、彼が全部通訳をやってくれたんだけど、その時。僕は英語の台本を持っていったんですね。そして、彼が読んでいいっていってくれたんで、思い切ってこういう男に助監督をやってもらう方がいろんな意味でいいんじゃないか、ということで、彼を形としてはチーフと。それで中畑栞人と上野尭と日本のベテランが二人ついて、もちろん、ニュージーランドからベテランが二人つくわけですね。

それからさっきいった、助監督をやりたいといって三年待ってたフレッシュマン、白井君には、しょうがないからお前は進行の方へ廻れと、戸田重昌つきの先発隊で行けと。というのは、彼はちょっと英語が出来るんですね。

もうひとりの伊藤君の方は、お前は役者であると、兵隊の一員であると、丸坊主でエキストラであると、そして実際には助監督の仕事をするということになったんですね。

そしてもう一人さっき出た『絞首刑』の頃からやっている上野尭という男がいるんですが、彼も何らかの形で是非行きたいといってたんで彼も連れてゆくと。もともと彼は『絞首刑』の時は役者で来たんですね。ところが役者だけなんてとても駄目だと、スタッフもやれっていわれて、それからさっさとスタッフになっちゃった男なんだけど、今度は逆にお前は役者だと、ただし役者の総元締めで〝上野プロダクション〟だということで、彼にキャスティングからオーディションなんかを全部まかせまして。で、その二人が俳優として行く。俳優は、全部でいわゆる役の人が一二人で、役ではないけれども、とにかく台詞があったりする人が二三人。合計三五人ですね。

日本映画は一体何をやってるか

あとはキャメラマンなんですが、照明の岡本健一さんね。彼とは『愛のコリーダ』と『愛の亡霊』の二本やって、とても気持ちがいい人なんで、岡本さんがいてくれれば誰か若いキャメラマンでやってみようかなと、というような気持ちもあったんだけど、岡本さんのスケジュールが、ちょっとどうしてもつかめない。そういうことになると、やっぱり外国でロケして、技術的にがっしりしていないとこれは大変なんでね、成島東一郎に頼もうということになった。彼とは『東京战争戦後秘話』と『儀式』をやって、特に『儀式』は評価が高かった。

彼は、たとえば、玉三郎の出た『夜叉ケ池』を篠田正浩とやることになって喧嘩したりね、いろいろあるんだけども、僕とは調子がいいですから仲良くしてますが(笑)、ただ彼は『青幻記』を自分で監督したんでね。監督をした人にまた頼むというのも、何となくこっちとしては遠慮があるわけね。それで声をかけなかったんだけど、声をかけたら、彼は大変よろこんでくれて、それは是非やるといってくれたんです。

ところが彼も、実は『青幻記』から一〇年ぶりなんだよね。ということはつまり、撮影監督としては『儀式』

以来一本もやってないんだよね。

世の中ってのはもったいないことがあるもんだと思ってね。あれだけの腕のある技術者をね。日本映画界は一体何をやっているか、ということなんだけど。まあ、その間、彼は自分のやってた会社が倒産したり、そういう辛いこともあったんだけど、とにかくあれだけの技術のある人が遊んでいて、もう一〇年だよね。これは本当にもったいない話だよね。

彼は一応撮影監督という肩書だから、カメラマンという形で、前に成島さんの助手をやってた男で今は一本立している杉並博章と加藤勉という照明の男、この二人を連れてゆくことになって、そこへM・D・リクソンを撮影つきの通訳としてつけることになってます。

ですから撮影・照明が四人でしょ、戸田のところが六人でしょ、僕のところが監督の僕とパルバース、それから製作の助手として臼井久仁子というのがいるんですけど、これは実は家内の姪なんです。アメリカ暮しが長かったものですから英語がペラペラなんで、彼女がいわば逆の意味のキー・パーソンでね。現場のデスクとして、外国との連絡を全部やってくれることになります。

カンヌ映画祭が終わってからジェレミーが五月下旬にやってきて、そこで初めて若きプロデューサーとベテラン・キャメラマンが会って、フィルムの話、機材の話、現像所の話、と何もかもしなければならないわけじゃない。でも、やっぱりうれしいことには、技術の話なんていうのは万国共通なんだよね、キャメラを、どこからどう運ぶとか。結局パナビジョンキャメラをシドニーから運ぼうというわけでしょう。一体、ジェネレーターをどうやって運ぶんだと。そんな小さな島にね、ジェネレーターを船づけ出来るような港はあるかどうかとかね、大変なんだ。

でも、そういうことが結構フランクに話が出来てね。あるいは成島さんの助手で、ピント送りやフォーカス・プランというんだけど、これは自分がオーストラリアで仕事した時によかった奴がいたから、それを呼ぼうとかね。非常に面白いですね。

スタッフは、こちらが十五人で、恐らく向こうが二五人くらいです。向こうがずっと多いですね。原則的には殆どニュージーランドで、メーキャップをロサンジェルスから呼びます。衣装はやはり日本から一人連れてゆくしかしょうがない。一応、こちらで全部作っていきますから、そのデザインはいつもの通り加藤昌廣というのがいて、彼が全部やってくれて、彼の助手が現場へはついてゆくことになっている。

向こうは、向こうの衣装をやる奴がいるわけだし、向こうの小道具は向こうの小道具をやる奴がいるというわけです。

だから、例えばね、三八式の歩兵銃とか機関銃なんていうのを送らなきゃならないわけでしょう。これは武器まがいなわけだな。これを通関所の税関を通すとかさ、本当にありとあらゆることがあるんだよね。全部初めてのことだからね。

だから、初めてのことをやりたがる監督なんかに、スタッフとしてはつくもんじゃないね。お前らそんなこと解んないのかっていうと、だって初めてですからって。そりゃそうだ、初めてだ、ということになってね(笑)。

今、戸田以下、ラロトンガにセットを建設中ですが、捕虜収容所とか処刑場だとか指令部だとか、メイン・

セットは全部ラロトンガにあって、一部、大きな建物がいるやつをニュージーランド本島のオークランドのウェリントンでやります。

セリエは南ア出身ということになっていたけども、こういうシチュエーションになったので、南アはやめて、セリエの出身地はニュージーランドという設定にして、そこで回想シーンを撮る、ということにしたんです。いわゆるステージは使わないで、全部ロケ．セットでやることにしたんだけど、結局、戸田重昌は作りたいのね。それもセットでは作りたくなくて、オープンにつくりたいのね。贅沢なんだよね。セメントを流し込むとかね(笑)。

ラロトンガ・ホテルというたった一つしかないホテルを占拠しまして…

とにかく、五年前に飛行場が出来たばかりで、週に二便しかないんだから。だから、たけちゃんマンのスケジュールも余計大変なのよ。初め調べてもらった時にギャッといったんだもの(笑)。ヘラルドの部屋でラロトンガなんていって、早速ニュージーランド航空に電話かけたら、満席なんですよ、その週二便の飛行機が。だから、今度、ジャーナリストで行きたいって人がいっぱいいるけど、その便をとるのが大変なんですよ。だからスタッフは完璧にフライト・スケジュールを組んでるわけ。

ふつうの映画だったらさ、大体いいかげんにしといて、いざとなったら切符買って送れってなもんだよね。ところが、そういかないんだよ。全部完全に設定しなきゃしょうがないんだもの。そのスケジュールで動かなくちゃしょうがないんだから、それが大変なんだ。

これまでの、悪い言葉でいえばいわゆるいきあたりばったり、いい言葉でいえば臨機応変のやり方では出来ないわけだな。だから、監督がその場であれ捜してこいっていったって、飛行機に乗らなくちゃ取りにゆけないんだから、駄目なわけだよな。全部完璧に準備して持っていかなきゃならない。そういう点がね、我われのこれまでの非常にのんきな、その場で何とかなるわいというやり方ではいかないのね。それが一番大変なんじゃないかな。

それから、向こうの人は日曜日はキチッと休みたいらしいね。初め僕がたけちゃんマンのスケジュールを調整すると、どうしても金曜日休んだ方がいいわけよね。で、金曜日を休みにしたスケジュールに組んでさ、これでどうだっていったら、平日以外の日に出勤すると、ふだんの四倍とられるっていうんだよね。これは何としても勘弁してくれっていうんだよね(笑)。

ただ、アメリカ映画なんかと違って、スタッフの人件費なんかはそんなに高くないですよ。これは日本とあんまり変わらない、非常にリーズナブルな額ですね。ただ、いかんせん、交通費とか滞在費とか、そういうことのお金がどうしてもかかるから大変ですけど。

島にはラロトンガホテルという、たったひとつしかないホテルがありまして、そこを占拠するわけですが、スタッフとそれから俳優とエキストラを三〇〇人ぐらいニュージーランド本島、ニューフィジーから呼ばなくちゃいけないから大変よ。だって日本から五〇人連れていくだけでも大変だもの。

まあ、たけちゃんマンのスケジュールに関しては、やはり制限があるんでしんどいですね。彼のいないところは割合楽なスケジュールを組んでありますけどね。だから八月二三日にクランク・インして、今のところ一〇月一三日にクランク・アップの予定ですがね。日本へ帰って編集をして、音楽を入れて、八三年の一月か二月には完成したいですね。で、カンヌ映画祭へ出して、日本公開は六月頃、松竹の配給です。

日本での撮影の部分はプロローグとエピローグぐらい。これは帰国してから。仕上げは日本でやります。経済的にも技術的にも、日本スタイルの方がいい。これは彼（ジェレミー・トーマス）が僕の映画に協力するというスタイルで始まったことだから、編集権なんかに関しては別に問題はないですね。いわゆるハリウッドのプロデューサーじゃないから。彼として大島渚の映画をやったということが大変なステータスになるんだな。若いジェレミーにとってもそうだし、テリー・グリーンウッドにしても、大島の映画をプロデュースしたってことがすごく大きい。

たとえばひとつの例をあげれば、コンプリーション・ギャランティというのをつけるわけですよ。総制作費の六パーセントかな。これは保険会社が完成保障をするわけね。この完成保障がつかないと投資家が投資しないわけよ。だからどうしてもその六パーセントをつけざるをえないわけです。そのかわり、このギャランターは、撮影が延びて予算超過したということになれば、その分の金をつぎこむわけだからね。だけど撮影が延びたのは監督の責任だ、監督をクビにしろ、という権限まで持ってるわけ、コンプリーション・ギャランターは。ところがこの映画は大島渚をクビにしたら成り立たないわけだ。そういう意味では、コンプリーション・ギャランティをつける意味はないんだな、本当は。だから僕とジェレミーがコンプリーション・ギャランターの代りをしようかと、もうその保険はかけないと、そのかわりオーバーしたら俺たちが責任をもつ、ということをやろうかという話が半分冗談、半分真面目にあったりもしたんだけど、しかしやっぱりオフィシャルなことだから、まあつけざるをえないんですよ。

製作総予算というのは、現在六三〇万ドル、一ドル＝二五〇円ということで換算すると、約一六億円ですね。これは、あんまり低い予算を組むと、コンプリーション・ギャランターがOKしないんだよ。これで出来るはずないって。低い予算でオーバーすると、その分自分で持たなきゃいけないから。それに、製作費の六パーセントだから、彼らも予算が多い方が儲かるんだ。そのほかに各種保険は別口で二パーセント。だから大島渚とジェレミーの信用調査、つまり監督としての大島渚がどのくらい予算どおりキチンとやれる男であるか、の調査をして、OKが出たんだ、それは。日本映画で、それで駄目になった例もあるのよ、本人に悪いから名前は出さないけど。

監督ってのは、大体自分にふさわしい予算ってのがあるね

僕はこの間、アメリカ映画のことなんかもいろいろと見聞きしてつくづく思うのは、アメリカ映画の作り方は、要するにかかるお金はかかると、しょうがないっていう考えなんだな。かかるお金はかけてなおかつそれをペイするような映画でなければいけない、というのが彼らの考えなんだ。ところが日本人のは、かかるべきものをケチってその分を儲けにしようという考えなんだ、全部そうなんだ、日本映画は。そこはガラッとちがうわけだよ。だから日本の監督の仕事ってのは、ごまかし業ですよ、はっきりいえば。本来ならばこんな予算じゃ無理だという予算で、いかにやるかということね。ところがアメリカ映画の場合は、すべて完

壁であるべきだと、完璧な上で監督の能力が如何に発揮されるか、ということなんだな。逆にいえば、日本で、予算が少ない方がいい映画ができるということもあるんですよね。予算がないと監督のもってる資質みたいなものが露わにでるわけね。だから小予算の時はいい映画を作るけど、大作を作ると駄目になる監督もいっぱいいるわけね。これはやっぱり能力なんだよ(笑)。アメリカじゃ、そういう奴はもう監督じゃないんだな、はっきりいえば。だから皆さん『影武者』のことはあんまりほめなかったけど――僕も事実、黒澤さんの昔の映画に較べればパワーは落ちてると思うけど――、しかし黒澤さんはやっぱりあれだけ金使ったって黒澤さんなんだよ、資質は出てるんだよな。そういう意味では大監督なんだよ、やっぱり。ところが、一億の映画なら個性が発揮できるけど、二〇億使わせられるともうサランパランになっちゃう監督なんかいっぱいいるわけでしょ。だから監督ってのは、大体自分に相応しい予算ってのはあるね。かかる金はかかってしょうがないんだ、ということにならんといかんよね。

結局、今回はアメリカの役者を使わないことにしましたけども、最初の頃やっぱりアメリカの役者を使うつもりで、いろいろ小当たりに当たったりしてたんだけど、たとえばある俳優さんを使うのに一〇〇万ドルのギャラだとすると、その他に一〇パーセントなら一〇パーセント俳優協会に払うわけよね、プロデューサーが。たとえばある監督を一〇〇万ドルで使えば、監督はその一〇〇万ドルを全部とる。協会は強いし、俳優協会も強いし、ストだって打てるわけよね。それだけの金はかかるんだと、しょうがないんだというところから出発してるわけでしょう。日本のプロデューサーの考えてることは、予算を節約して節約して、節約したものを浮かそうと思ってるんだから。そこがやっぱり根本的な映画作りの違いよね。

今回のは、そういう意味でいうと、アメリカ映画の水準まではいかないわけよ。それほど贅沢じゃない。しかし日本のに較べるとちょっとはましかな、というところですね。

向こうの映画は初めから世界の市場を狙ってるよね。世界を狙ってるというか、世界を狙うことの前提でしか映画を発想してないですよね。特に彼らは英語国だからね。英語国の強みはあるよね。ちょうどニュージーランドにしようか、オーストラリアにしようかといってた頃に、フォークランドの紛争が始まったからさ。なるほどやっぱり英国人というのは今だにああいう島まで取っておきたいんだなと(笑)。つまり七つの海は我がものだと思ってるところはあるなってことを、つくづくと感じたね。彼らにとっては、完全に世界というのは自分たちのフィールドであって、英国でのお金が出なくなりゃオーストラリアへ行って調達してもいいじゃないかと、ニュージーランドへ行って調達してもいいんじゃないかと、フォークランドで調達してもいいじゃないかと、思ってると思うんだな。その辺はやっぱりいささかくやしいね。

『復活の日』で日本に来てたボー・スベンソンが、「オーシマが世界に通用する映画を作りたいといってるから是非会いたい」と。自分が出たいということもあるけど、それは役が合う合わないがあるから二の次だと、でも話をしたいというので会ったわけ。で、こうこうこういう話だというと、「オーシマ、どうして主人公を英国人じゃなくてアメリカ人にしないんだ?」っていうんだね。ジャック・セリエという南ア生まれの将校―今度ニュージーランド生まれになったけど―を、どうしてアメリカのテキサスあたりの出身の将校にしないんだと。で、黒人の友達を差別してそのことが良心の呵責になっているという話にしろっていうわけね。それだったらアメリカで受けるってわけ(笑)。

その話を聞いて非常によくわかったの。つまり、僕らはね、アメリカというとなんといってもロスが好きだし、サンフランシスコも好きだし、ニューヨークも好きなわけだ。そこらのインテリを相手に僕らは生きてるわけでしょ。ところがほんとのアメリカ人てのは、あいつらとちがうんだよな。テキサスの百姓なんだよ(笑)。カンヌが何処にあるか知らないようなテキサスの百姓が、ボックス・オフィスに来るんだと。そういう奴に見せないとボックス・オフィスの収入は上がらないんだ、とボー・スベンソンはいうわけだ。自分はニューヨークやロスよりも、そういうとこで受ける俳優なんだと、こういうんだな(笑)。面白かったね。でもそういうこと、確かにあるんだろうと思った。

アメリカ人は、カルチャーにぶつかるなんて高級なことはないんだ

まあ僕も、やっぱりアメリカで受ける映画もまだ作りたい、そういう意味で今度の映画は、その点については、もう一息大衆的ではないと思うけどね。しかし、今度のは無理だと、これはカルチャーとカルチャーがぶつかるという話であってね。アメリカ人はね、カルチャーにぶつかるなんて高級なことはないんであって(笑)。だからコッポラの『地獄の黙示録』が間違ってるのは、コンラッドというティピカル・イングリッシュの原作を、アメリカ人と言う設定に変えたっていうことなんだな。これはね、アジアの奥深く入ったってね、カルチャーショックを受けないわけですよ、全然。だから嘘なんだ、根本的に。あれがイギリス人であれば、やっぱり別の見方でアジアを見たと思うんだな。そういう意味では、この点は僕は譲れない、これはやっぱ

りイギリス人、特に南ア――今度はニュージーランドになったけど――、そういう植民地生まれの、植民地生まれということはイギリス人以上にイギリス人的な人間だよね、そういう奴が日本というカルチャーに出会って考える。あるいはショックを受ける、と言う話でないと話にならないんだといって、ボー・スベンソンの友情あふれる忠告(笑)を、しりぞけましたけどね。でも面白かったね、そういう意味では。

この映画をやるためにほうぼうへ旅をしたんだけども、そういう意味ではずいぶん勉強にはなったと思うな。英語のレッスンもしなきゃならなかったしね。おかげでまあ、とにかく無理矢理にでも喋るという元気は出ました。どんどんどんどんわが社の出費はかさむばかりで、（大島）瑛子が嫌な顔をするんだよ（笑）。だから、ブーブーいうなと、これが駄目になったら高い英語の授業料を払ったと思えばいいんだからっていうと、ちょっと高すぎるよ、ってみんなにいわれてさ(笑)。

最後に、ついこの間なんだけど、ポール・マイヤースバーグという脚本家が来て、二人でさし向かいで英語のセリフを直したんですけどね、まあ、その時に僕の英語も通用するようになりましたので（笑）。結局、偶然だったんだけども、初めにデヴィッド・ボウイがほんの一人、二人、脚本家の名前をあげたといったんだけれど、その一人がポール・マイヤースバーグだったのね。彼は『地球に落ちてきた男』の脚本を書いた男なんです。つい最近、ジェレミーがニコラス・ローグと撮った『ユリイカ』という大作がありまして、これはジャマイカ島とアラスカでやった、一二〇〇万ドルをかけたものすごい大作で、これの脚本もポール・マイヤースバーグなんです。いま彼はニューヨークで「一九八四年」を書いているんですよ、ジョージ・オーウェルの。ロンドンに「ムービー」っていう映画の雑誌がありまして、彼はそこのクリティックだったのね。その頃、僕の映画についていろいろ書いてて、そういう意味じゃ僕のことをよく知ってるわけで、彼はデヴィッド・ボウイの推薦じゃなくてジェレミーが勝手に選んだんだけど、すごくいい奴を選んでくれたと思ってるんです。ただそうやって英語のセリフをひとつずつ直してると、つくづく東と西のカルチャーの違いというのを思うよね。

僕が英国人のセリフも全部書いてるわけだけど、たとえば、誰かが喋って相手が応えないということは、日本人にとっては当然なんだよね。答えなくたって次に行きゃいいんだからね。だけど向こうは、問われて答えないっていうのは馬鹿に見えるってわけ。沈黙ってのは答にならない、っていうんだね。

Yes,I think so or I don,t think so. っていわなきゃいけない。それから、たとえばわれわれの会話では、ぱっと出会いがしらに「あのことはどうかね?」っていって、相手はなんにも答えない。帰りがけになって「さっきの話だけど、あれはこうよ」っていうことがよくあるじゃない。それは全然わからないっていうんだね。僕はそういうシーンの書き方が好きなんだよ。途中ジャラジャラとやってて、最後にポツンというんだよね。ポールが「これはいったい何だ?」っていうんだ。だから一番最初に質問してるじゃないかっていったら、「オー!」って。いわれたらすぐ答えるべきだ、これだけ飛んじゃったら全然わかんないっていうんだよ(笑)。そういうことといわれるとね、最初にレッドフォードが「俺はわからん」といったのも、なるほどそうなのかと思ったりするんだけどね。

そういう意味では、最後に英語のセリフを直した、これはすごく良かったと思いますね。いまは一応、英語のかなり完璧な台本ができたと思ってます。

ところが助監督なんてのは、つまらんところで保守的でね。僕がそういう話をしてやると、「でも大島さん、そうなるとせっかくの日本人のもってるニュアンスがなくなりゃしませんか」なんていうんだよね。ほんとに馬鹿だからね(笑)。俺は許せん！　っていうわけね(笑)。

デヴィッド・ボウイの役の他に、ロレンスという役ともう一人、捕虜長みたいなのがいて、それがメインのキャストで、まあ捕虜長の役はいいとして、ロレンスというのが西洋合理主義、イングリッシュ・ジェントルマンの役なんだけど、昔でいえば、まあトレバー・ハワードとかアレック・ギネスとかさ、そういう役なんだよね。で、これもいろいろ候補があがって、一時はジャック・ニコルソンがやるなんて話もちょっとあったんだけど。結局、トム・コンティという、いまイギリスで主に舞台とテレビで活躍してる、まだあんまり映画には出てないけど非常に優秀だといわれている役者が出ることになった。もちろん、ちゃんとしたイギリス人なんだけど、やや南欧系の風貌をしてるのね。ポール・マイヤースバーグにいわせれば、ダスティン・ホフマン・イン・イングランド(笑)、ほかの奴にいわせるとアル・パチーノにも似てるんだね。

ブラック・ヘアーで、ボウイがブロンドだから、僕はとてもいいと思うんだけど、助監督たち全員が、これはイングリッシュ・ジェントルマンじゃないから駄目だっていうんだよね。ところが臼井久仁子は、いいじゃないですかっていうわけ。彼女にはそういう偏見はないわけよ。男として良けりゃいいと思ってるわけよね。僕が何故それをいいと思ったかというと、いまやっぱり世界で一番人気があるのはイタリア系の男なんだな。デ・ニーロにしろパチーノにしろ、そうなんだよ。いまイングリッシュ・ジェントルマンが受ける時代じゃないわけだよね。僕はいまほんとに受ける奴でやればいいんだと思うわけね。

そりゃ戦争中の男の顔っていえばね、坂本龍一だってビートたけしだって違いますよ、ね。それをね、助監督なんてのは、かえって保守的なんだよ。僕はいうわけよ。たとえばアンジェイ・ワイダが『灰とダイアモンド』でチブルスキーを使った時ね、恐らくあれ戦争中の顔じゃないですよ。戦後の青年の顔よ。おまけにね、戦争中にサングラスなんかかけてるわけないんだよ。あの時期のポーランドに恐らくサングラスが流行ってたんだな。で、チブルスキーはサングラスの似合う男だったわけ。それで戦争中の話を描いたわけでしょう。そいう現代性を過去の映画でもぶち込まなきゃいけないわけね。ところが助監督なんかはそういうとこ保守的になっちゃうんだよね。で俺に怒られるわけ。

たけちゃんマンのお嫁さんの役で出して下さい！

ビートたけしなんていっても、あいつらみんな半信半疑の顔をするわけよ。でやっと彼が軍服をつけてワッとなった時に初めて「大島さん、やっぱりたけしはいいですねえ」。なにを今頃いってるか、阿呆かッ！（笑）。まあ僕も、かなり半信半疑で、でもまあ博打で選んだんだけどね。僕はね、最終的には自分の強い運勢を信じてるのね。これが一番初めの段階で出来てたら、滝田栄と緒形拳でやってたかもしてない。これも僕はなかなかよかったと思うけど(笑)。しかしね、やっぱり現代に生きる人間としては、たけしと坂本の方がいいですよ、はっきりいえば。

だから、すごいですよ、僕のところへ来る手紙なんかでも、十六歳の女の子から、「たけちゃんマンのお嫁さんの役で出して下さい」とかね。そんなもん、あらへんがな(笑)。いちいち返事書くんだよね、阿呆らしいさ(笑)。ほんとにもう泣けてくるよ。でもやっぱりそういう人たちがね、大事なわけ。ところが正直にいうけど、映画会社の首脳部とかそういう人達は、いまビートたけしが何をやり、坂本龍一がなんであるかなんて知らないんだよ。彼らが映画に出ることが、どれだけそういう若い人にアピールするかってことが、なんにもわからないのよ。そこらへんが日本映画の不幸よ。はっきりいって。

僕はいつもいうんだけど、監督も俳優を選んでるけれど、俳優さんも監督選ぶんですよ。昔の撮影所なんかは、役者がみんな丸抱えだったから、あんな監督馬鹿だなとと思ってても、しょうがなくて出たわけですよ。あるいは監督が、あんな女優さんを使ったら俺の作品の命取りだと思いながら、しょうがなくて使った監督もいっぱいいるわけですよ。そのぐらいの時代があったけど、いまはテレビがややそういう状況を呈してますよね。あの俳優いやだけど使わなきゃなんない、という監督はいっぱいいますし、逆もいっぱいいるわけでしょ。ところが僕らは一匹狼で、監督も選んでるけれど、俳優も選んでるわけでしょ。最終的に僕を選んでくれたのが、たけしと坂本であったわけですよね。あるいは他に出るメンバーでいえば、内田裕也さんも出てくれることになったし、三上寛も出るし、ジョニー大倉も出るし、室田日出男も出るし、金田龍之介も出るし……、ちょっとすごいメンバーになったと思うんだね。

大島組に出ると、みんなに輪姦されるような感じを持つらしいんだな

とにかく『大日本帝国』と『連合艦隊』に出た奴は絶対出さないぞ、という決心をしてさ(笑)、キャスティングを始めたんだから。当たり前ですよ、冗談じゃないですよ。『大日本帝国』の軍人もできるし。『戦場のメリークリスマス』の軍人もやるなんて、そんなこと許せんよ、ね（笑）。そう思ってこっちも選んでるし、裕也さんも三上君も喜んで出てくれたわけですよ、結局はね。向こうも選んでるんですよ。それは自然に決まることなんだな。

ところがやっぱり、そこまで来るのに時間がいったんだよ。裕也さんだってね、『嗚呼！　おんなたち猥歌』『水のないプール』とやってきて、そんななかで僕と酒飲んでからんだり（笑）したあげくに、出ようかという気にもなるわけでしょ。時間がたったことは不幸であったけども、時間がたったからやっとこういうキャスティングでやれるところまできたということを考えると、結局延びたということが、やっぱり運なんだよね。運が強かったというべきなんだよ。

だからそのプロセスで、いろんな俳優さんに声かけましたよ。滝田、緒形というのが崩れたあとは、もう、ちょっとあわてちゃったからねえ。勝新もくどいたしさ、若山富三郎もくどいたしさ、菅原文太もくどいたし、沢田研二もくどいたし――。まあ沢田研二は、非常に出たがってくれたんだけど、いかんせんスケジュールがどうにもならないということで……。あげくのはては、三浦友和にまで声をかけてみたんだけどね。これも僕は面白いと思ったんだけどね。彼にとっても、すごい飛躍になるかもと思ったんだけど、やっぱりそういう時に尻ごみするんですね、面白いことに。

『愛の亡霊』の時なんかでもね、吉行和子になるまでに、ありとあらゆる女優さんに声かけたものね。全部断るもんね、やっぱり。なんか大島組に出ると、みんなに輪姦されるような感じを持つらしいんだな。輪姦なんかしないって、俺はもう、一人だって無理だっていうんだけどね（笑）。でも昔からそういうイメージが大島組にはあるみたいね。矢島翠がそういうことあったね、昔。これは結局、肉体的なことだけじゃなくて、イメージっていうか、精神的に犯される感じはあるみたいね。吉行和子だって、マネージャーは台本受け取ったまま、見せなかったんだからね、彼女に。そのうちに吉行和子が見つけて、「あら、これ私のところへ来たんじゃないの」って読んで、「私、断固出る」っていったんだから。そのほかに一人、非常に出たいといってくれた人がいたけどね。「ごめんなさい、私もうオッパイがないの」っていうんだよね。「ほんとにないの？　どのくらいなの？」っていったら、「あの、お医者さんへ行きますでしょ。でトントンと聴診器あてて、ハイ前向いて下さいっていわれる」っていうんだな。「あら、私、前向いてるんですけど」って(笑)。冗談キツいけどさ。「でもあなた子供生んだでしょ？」っていうと、「ええ、あの時ちょっとふくらみまして喜んでたら、またペッチャンコになっちゃったんです」(笑)。そういう人が一人だけいて、その人に好意をもちましたけど、あとはもう、けんもほろろに全部断られました(笑)。

それはやっぱり、人間の肌合いみたいなものがあるんじゃないですか、自然にね。もちろんそのプロセスには、誤解というのもあるし、先入感というのもあるけれども、本来なら仲良く付き合える人間が、現実的には仲良くなれないで一生を終わるということもありうるけども、時間があり、なおかつ本人同士が合えばね、やっぱり通じるものは通じるし、通じないものは通じないんじゃないかという気はするね。そういう意味では、時間をかけた分だけ、いい形のチーム編成ができたと思うんだよね。チーム編成ができてしまえばね、もうこっちは寝てりゃいいんだから、あとは勝手にやるでしょう(笑)。

黒澤さんが『影武者』をおやりになったあたりから、一種のオーディションシステムみたいなものは、日本でも定着して来たみたいね。なんか映画をやるっていうと、申し込んで監督に会ってもらいたいというのが出てきたみたいね。会って、いい人がいれば、それはいいことだからね。キャスティング担当のディレクターである上野は四〇〇人ぐらいに会ったんじゃないかな。僕も一二〇〜三〇人、は会いましたね。これは一般的な応募者だけど。

なんてったってやっぱり戦争中の話だからね、今の一八〇センチのヒョロヒョロってのは、なかなか難しいんだよね。戦争中の顔、形ってのはなかなかないですよ。やっぱり基本的には戦争中の顔、あるいは骨格、を選びながら、そこでなおかつ現代性もあるような奴がほしいと思ってたからね。

ロックの人間の方が感度がいいんだよ

でも、僕は齢を取ってしまったけれど、若い人が作る映画なんかを見てて、いいなと思った人たち、たとえば本間優二とか内藤剛志とか、ああいう人たちにも出てもらえることになったから、とても良かったなと思ってるんだよ。内藤剛志なんかね、背は高いし、ちょっと戦争中の顔じゃないなと思ってね、おまけに(『九月の冗談クラブバンド』では)主役でしょ。だから小さな役じゃ悪いからっていったら、なんだっていいからやらせて下さいっていうんだね。それじゃあって、ある役を書き込んでよくして、彼にやってもらうことにしたけどね。

音楽の人が多いっていう話になったけども、いまいわゆるオーソドックスな映画界というのは、ほんとにやる気がないんだよね。若い人が撮るとなると、たとえば宇崎竜童に頼んだり、内田裕也さんに頼んだりするわけでしょ。ジョニー大倉だとかね。ロックの世界とかそういうとこの人間の方が感度がいいんだよ。アンテナがいいし、なんかやる気があるんだよ。革命というとちょっと大げさになるけど、なんか突破口を拓きたいという気持ちをもってる人ってのは、音楽、とくにロックの世界なんかに多いんだよね。それと、映画で新しいことをやろうとしてる奴が結びつくのは、非常に僕は自然なことだと思うんだな。

それに較べると映画会社は、会社自体で新人スターを育てる能力をまったく無くしてしまったし、映画界でちょっと名前が売れれば、あとはテレビの連続ものに出てればほがらかに食えるわけじゃないですか。あとはそれこそ愚にもつかないクイズ番組かなんかに出てりゃ——私も出てますけど(笑)——楽勝で、いわゆるタレントとして食っていけるわけじゃない。やっぱりそういうところからは、ほんとの殺気のあるような人間は生まれないよね。だから僕は、やはりああいう歌とかロックの連中なんかがむしろ映画界を変えていく力をもってるんじゃないか、と思いますね。

つまり、もう、文化革命が起きてるんだ。映画ってのは、やっぱり根本的にはアウトローのものですからね。ところがいまテレビをやってしまうとね……、そりゃ大島組に行きたくないよ。だから藤竜也がね、大島さんと仕事するのはヤバいと思ったと、そのヤバさが好きで僕はやったといってたけど、あれはものすごく名言ですよ。なんとなくヤバいというね……。

だって今日だって軍事訓練やってるんだもの。ゲートルの巻き方、銃のもち方ね。区立公園なんかに軍事訓練をやりますから貸して下さいなんて届けにいくと、受け付けてくれないんだね。しょうがないから肉体訓練っていってね。阿呆な世の中じゃ(笑)。

それはけっこう若い、戦争を全然知らない若者たちが、喜んでやってますね。新しい体験なんでしょうね。時間がかかってもそのぐらい、身を入れてひとつの仕事に取り組みたいって気持ち、みんなあるみたいね。しかし、そういうふうに取り組むものが、なかなか無いじゃないですか。

衣装合わせなんかやるとさ、成島東一郎は戦争行ってるからね、空手とか剣道とか、まとめると十何段という猛者なんだよね。それがもう甦ってきちゃってすごいんだよ、いちいち(笑)。もう一人は荒川大という溝口健二につかえたシーラカンスみたいな人がいてさ、彼も戦争行ってるからね。でも、やっぱり若い俳優なんかでもね、荒川さんとか成島さんみたいなベテランがバシッとくると、やっぱりちがうんだな。いまの普通に作られてる映画のもってるものと重みがちがうんだろうと思うんだな。それを若い人が感じてくれれば一番いいんですよね。これはまあ、戸田重昌がいればもっといいんだけど。

役者に会う時は勝負でくるわけよ

やっぱり衣装合わせというのは大事なんでね。戸田重昌の先生は伊藤熹朔と水谷浩、二人が戸田さんの先生で、ものすごい贅沢な人なんだけど、昔、水谷浩は翌日が京マチ子の衣装合わせの日だというと、前の日一日中、鏡に向かってベレー帽をどういう角度でかぶるかってのを研究してたんだってね。つまりそのぐらい、ある女優さんと会う一瞬を大事にしたわけね。そこがひとつの勝負でね。そこで相手にバッチリいい感情をもたせて、相手の女優をいかに作りかえるかという情熱をもってたわけね。戸田重昌なんかにも、やっぱりそういうとこはあるわけ。残ってるわけね。あれは一見欲のなさそうな顔をしてるけどさ、実は野心もあればファイトもあるわけよね。まあ成島東一郎の方はもっとむきだしにあるしね。大さんだってあるし、やっぱり役者に会う時は勝負、でくるわけよ。坂本龍一が来た時に一発やってやろうと思って、みんな待ってるわけだから。いつまでたっても、みんな色気があるんだよな(笑)。やっぱりそういう齢とったスタッフの色気みたいなものは、俳優さんにわかりますよね。僕はそういう上にファーッとのっかってりゃいいんだからさ。

坂本龍一には、彼がやりたいといったので、音楽もやってもらうことにしました。僕は、彼なんか見てると、とても羨しいという気がするんですよね。僕なんか、やっぱり、なんだかんだいっても戦争と戦後で生きちゃったから……。僕は、当時からかなり自由な人間だったと思うし、ほかの奴に較べればずいぶん自由な考え方をしたけども、それでもやっぱり、さまざまなことに縛られて、ついつい思う存分生きられなかったという気があるんだよね。坂本なんか見てるとね、ずいぶん自由に生きてるな、という気がするのね。そういう意味で、とても前から付き合いたいと思ってたんだけどね。でも、何もないのに付き合うわけにはいかんでしょう。

そういう意味じゃ、映画監督ってのは贅沢な商売でね。映画をやるということを口実に、いい奴を集めて酒を飲もう、ということかも知れないね(笑)。

で、会って話をして——、坂本君のマネージャーも、ものすごく面白いんだなあ。学生時代にローレンス・ヴァン・デル・ポストを読んだという男なのね、これが。「ロシア旅行」を原語で読んだという男でね、非常に教養のある、なおかつ才人なんだね。で彼が、大島さんこの仕事やりたい、音楽もやりたい、と。音楽で、もしも予算が足りなければ、自分たちとしてもいろんな方法があると。私たちはまだ映画を一本作るだけの力はないけど、レコード一枚作るぐらいの力はあるから、そういうことだっていって下さればやる、と。何故やりたいかというと、われわれはいま、突っ走らなきゃいけないと思うってわけ。彼は三〇歳ぐらいですか、もうそろそろ次の連中がどんどん来てることを感じると。いま突っ走らないと駄目だという気がする。で、突っ走りたい、と。この仕事も、いま自分たちが突っ走ることのひとつであると。そういう意味で是非やりたい、音楽もやらせて下さい、といった。僕はすごく感動したね。坂本も、たけちゃんマンも、三〇ちょっとだけど、突っ走るべき時なんだよ。

やっぱり四〇になると、ちょっと安定しちゃうんだよ。でもその逆の風格はでるけどね。だから藤(竜也)さんが、『愛のコリーダ』の時が三五かな。いちばん色っぽかった時期だと思うね。僕が創造社の後半というか、六七、八年頃、疾走した時がやっぱり三〇代半ばだもんね。あんまり誰も色っぽいとはいってくれなかったけど(笑)。

かつて桐島洋子が——この人がこの頃やってることは、まったく目もあてられないけど、昔は多少いい事いったんで——、大島さんの映画はセックスをとりあげていようがいまいがセクシーである、ということをいってくれたことがあるんだけどね。これはすごく大事なことなんだと思うね。だから、そういう意味では、今度の映画も、セクシーに撮りたいんだよね。肌合いのちがう男と男が会うっていうことは、それだけで大変セクシーなことなんだよな。生き方の哲学がちがうからぶつかるんだけども、と同時に、セクシーなコミュニケーションが人間が人間としてある、ということが大事なんでね。その辺がいちばん、うまくいくかどうかが勝負どころだ、という気がしますね。

足かけ五年、その間にはいよいよ駄目かなと思う時もあったけど、やっぱり放棄してはいけないんでね。いやになった時もあったけどねえ……、これは悪い女にひっかかったようなもんですよ。実人生ではあんまりそういうことがありませんのでねえ。でもその間、ほんとによく働いたと思いますよ。

たとえば、たけちゃんマンのことにしてもさ、彼と一緒にテレビに出て、彼がやっぱり映画をやりたい、なんて話をきくと、是非やりなさい、映画は主役でやらなきゃ駄目ですよ、たとえばチャップリンの『殺人狂時代』をやったらどうですか、というような話を彼としてたのね。その時はそういう話をしながら、僕が彼を使うなんてことは夢にも思わなかった。ところが時間がたつと、一緒にやろうという話になるんだから、面白いね。実にもう、運命というか……。

坂本龍一は、「男の肖像」という本――あれは僕も出てたけど――、あれを見てはウームと思ってた(笑)。現代は、やっぱり、パフォーマンスの時代なんだよね。人々は完成された作品に魅かれるよりは、動いてる生きざまみたいなものに魅かれるんで、その動いてる生きざまを感じさせてくれる人間、あるいは作品しか好きにならないんだよね。そうなると、やはり坂本とかたけしなんてのは、ほんとにすごいわけでね。まあ僕が山本寛斎のショーに出た時なんかでもそうであってね。あの時、(宇崎)竜童さんは頑張ったから素晴らしかったけど、(西城)秀樹が損をしたのはね、秀樹が舞台の上に立ってても、あんまり違和感がないんだよ。あたり前のことなんだ。だから彼は損をしたの、はっきりいって。ところが大島渚が、あんなヘンなキンキラキンのを着てさ、みんな〝星の王子さま〟っていったけど、俺は自分を知ってるから、〝星のオオジイサマ〟っていったんだけどさ(笑)。これはやっぱりね、珍しいからいいんだな。で、若い女の子が〝カワイイ!〟っていうんだよ。ほんとに価値観かわっちゃったよ、もう(笑)。

いまは、その若い女の子が〝カワイイ!〟っていうのを、素直に信じないと駄目なのよ。うん。それがいいの。彼女らの価値観を馬鹿にしちゃいけないのね。彼女らがいちばん素直に、好きなものは好き、嫌いなものは嫌い、っていうの。男は駄目なの、みんな斜にかまえるわけ。たとえば〝山本寛斎と変なモデルたち〟なんてタイトルを出す番組があるわけ。これはもう、感覚が完全にズレてるんだな、はっきりいえば。そういうふうに斜めに見る見方には力がないの。〝キャー、イイ!〟っていうことだけに力があるんだよ。そのへんをね、いまもう映画会社なんか老化しちゃってるから、全然わからないんだな。

僕はヘラルドが四人、見に行ってたっていうんで、副社長に〝けっこうじゃないですか。そういう力をどんどんお使いにならなきゃ〟って話したんだけど。原社長がその時、話を聞いてて、宣伝部の最初の頃は若い女のスタッフがいっぱいいたっていうんだな。いまはいなくなったっていうわけね。つまり、若い女の子の感覚みたいなものが、たとえば宣伝にしても、何が受けるかにしても、素直に出るようにしないと、やっぱりアピールする力はないんだな。だから、「たけちゃんマンのお嫁さんの役で出して下さい」という女の子を、失望させないような映画を作らないといけないんだな(笑)。

僕なんか、ガキの頃からパフォーマンスがしたかったわけね。小学校の頃から、先生がいないと「じゃあ今日は、僕がお話をしましょう」なんて、お話をしたり、漫才をしたりしてたわけ。ところがだんだんこれがね、女を意識するってことがよくないのかな。やっぱり俺は黙ってた方が男前に見えるんじゃないかなんて思い出した頃から、だんだんパフォーマンスをしないで、演出の方にまわった方がいいと思って、やっぱり理屈をいってる方がもてる、というようなことで過ごしてきたけども、この齢になって再び、ややパフォーマンス型に先祖帰りして、非常に満足しております(笑)。

ビートたけしもパフォーマンスだし、坂本龍一だって、やっぱりあんな扮装するんだもの。坂本の場合、衣装合わせをしてすごく安心したのは、ピタッときまってるんだよね。それでキャメラを向けるとね、もうひと息きまるんだよね。キャメラのシャッターを押す瞬間にパッと動くんだね。やっぱり写されなれてるね。天性の自己表現者なのね。身体をふくめての自己表現者。

ＣＭなんかが坂本を起用してますけど、映画は遅れているんだよ。どんどんそういう外のものを入れて、映画界に新しい血を輸血しなくちゃね。

(１９８２年7月24日)

大島渚　劇場用長編映画フィルモグラフィー

『愛と希望の街』（原題：鳩を売る少年）
公開　1959年
製作　池田富雄
脚本　大島渚
撮影　楠田浩之
美術　宇野耕司
音楽　真鍋理一郎
出演　藤川弘志、富永ユキ、千野赫子ら
初の長編映画。生活に困窮して鳩を売る中学生と周囲を描く。

『青春残酷物語』
公開　1960年
製作　池田富雄
脚本　大島渚
撮影　川又昻
美術　宇野耕司
音楽　真鍋理一郎
出演　川津祐介、桑野みゆきら
刹那的に毎日を生きる若いカップルを描いたヒット作。松竹ヌーベルバーグと称された初期の代表作。

『太陽の墓場』
公開　1960年
製作　池田富雄
脚本　大島渚、石堂淑朗
撮影　川又昻
美術　宇野耕司
音楽　真鍋理一郎
出演　炎加世子、津川雅彦ら
大阪のドヤ街で生きる愚連隊の若者たちを主人公にした作品。

『日本の夜と霧』
公開　1960年
製作　池田富雄
脚本　大島渚、石堂淑朗
撮影　川又昻
美術　宇野耕司
音楽　真鍋理一郎
出演　渡辺文雄、桑野みゆきら
60年安保闘争の中に生きる若者たちのディスカッションを主にした問題作。公開から4日で上映は打ち切られ、大島渚は松竹を退社する。

『飼育』
公開　1961年
製作　田島三郎、中島正幸
脚本　田村孟
撮影　舎川芳次
美術　平田逸郎
音楽　真鍋理一郎
出演　ヒュー・ハード、三國連太郎ら
第二次大戦中、山村近くに墜落した米軍機のパイロットと村人のかかわりを描く。大江健三郎の同名小説を映画化。

『天草四郎時貞』
公開　1962年
製作　大川博
脚本　石堂淑朗、大島渚
撮影　川崎新太郎
美術　今保太郎
音楽　真鍋理一郎
出演　大川橋蔵、大友柳太朗ら
キリシタン弾圧に耐えかねて、島原の乱を起こした百姓たちとそれを率いた天草四郎らを全学連の学生に見立てた異色の時代劇。

『悦楽』
公開　1965年
製作　中島正幸
脚本　大島渚
撮影　高田昭
美術　今保太郎
音楽　湯浅譲二
出演　中村賀津雄、加賀まりこら
自ら設立したプロダクション創造社の第一弾作品。犯罪に手を染めるサラリーマンを描いた一本。性愛描写も話題になった。

『白昼の通り魔』
公開　1966年
製作　中島正幸
脚本　田村孟
撮影　高田昭
美術　戸田重昌
音楽　林光
出演　川口小枝、小山明子、佐藤慶ら
武田泰淳の同名小説を映画化。佐藤慶が扮する連続強姦犯の生い立ちと顛末を描く。美術監督の戸田重昌と初めて組んだ作品。

『忍者武芸帳』
公開　1967年
製作　中島正幸、山口卓治、大島渚
脚本　佐々木守、大島渚
撮影　高田昭
音楽　林光

出演（声）　小沢昭一、山本圭、小山明子、佐藤慶ら
当時カルト的な人気を誇っていた白土三平の忍者漫画を、原画を撮影してアフレコをするという斬新な手法で映画化した異色作。

『日本春歌考』
公開　１９６７年
製作　中島正幸
脚本　田村孟、佐々木守、田島敏男、大島渚
撮影　高田昭
美術　戸田重昌
音楽　林光
出演　荒木一郎、岩渕孝次、串田和美、佐藤博、吉田日出子、伊丹十三ら
１９６０年代という時代を生きる若者たちの性と情念を描いた青春映画。

『無理心中日本の夏』
公開　１９６７年
製作　中島正幸
脚本　田村孟、佐々木守、大島渚
撮影　吉岡康弘
美術　戸田重昌
音楽　林光
出演　桜井啓子、佐藤慶、戸浦六宏ら
フーテン女性のネジ子とヤクザ、犯罪者たちとの風変わりな関係を描いたモノクロ映画。

『絞死刑』
公開　１９６８年
製作　中島正幸、山口卓治、大島渚
脚本　田村孟、佐々木守、深尾道典、大島渚
撮影　吉岡康弘
美術　戸田重昌
音楽　林光
出演　尹隆道、佐藤慶ら
死刑執行に失敗した死刑囚Ｒを主人公に死刑の是非を問う社会派作品。カンヌ映画祭出品作品。

『帰って来たヨッパライ』
公開　１９６８年
製作　中島正幸
脚本　田村孟、佐々木守、足立正生、大島渚
撮影　吉岡康弘
美術　戸田重昌
音楽　林光
出演　加藤和彦、北山修、端田宣彦ら
フォーク・クルセダーズの同名ヒット曲を本人たちを主役に映画化した異色作。

『新宿泥棒日記』
公開　1969年
製作　中島正幸
脚本　田村孟、佐々木守、足立正生、大島渚
撮影　吉岡康弘、仙元誠三
美術　戸田重昌
出演　横尾忠則、横山リエら
1969年夏の新宿を舞台に、画家の横尾忠則演じる主人公が虚実入り混じる世界を巡る実験作。

『少年』
公開　1969年
製作　中島正幸、山口卓治
脚本　田村孟
撮影　吉岡康弘、仙元誠三
美術　戸田重昌
音楽　林光
出演　渡辺文雄、小山明子、阿部哲夫ら
子供を当たり屋にしている一家の放浪の生活を描いた一作。ヴェネツィア映画祭出品作品。

『映画で遺書を残して死んだ男の物語　東京战争戦後秘話』（原題：東京風景战争）
公開1970年
製作　山口卓治
脚本　原正孝、佐々木守
撮影　成島東一郎
美術　戸田重昌
音楽　武満徹
出演　後藤和夫、岩崎恵美子ら
映画制作に没頭する若者が幻想に取り憑かれてカメラを手に東京を彷徨う実験作。

『儀式』
公開　1971年
製作　葛井欣士郎、山口卓治
脚本　田村孟、佐々木守、大島渚
撮影　成島東一郎
美術　戸田重昌
音楽　武満徹
出演　河原崎建三、佐藤慶、中村敦夫ら
因習的な日本の家父長制や冠婚葬祭を通して日本の戦後民主主義を問うた問題作。カンヌ映画祭出品作品。

『夏の妹』
公開　1973年
製作　葛井欣士郎、大島瑛子
脚本　田村孟、佐々木守、大島渚
撮影　吉岡康弘
美術　戸田重昌
音楽　武満徹

出演　栗田ひろみ、小松方正、りりィら
夏の沖縄を舞台に少年少女たちの葛藤や沖縄と日本の戦後を描いた一作。ヴェネツィア映画祭出品作品。

『愛のコリーダ』
公開　1976年
製作代表　アナトール・ドーマン
製作　若松孝二
脚本　大島渚
撮影　伊藤英男
美術　戸田重昌
音楽　三木稔
出演　松田英子、藤竜也ら
実際に起こった猟奇事件を題材にした男女の物語。過激な性描写が衝撃的な一作。カンヌ映画祭出品のほか、欧米で複数の映画賞を受賞した。

『愛の亡霊』
公開　1978年
製作代表　アナトール・ドーマン
製作　若槻繁
脚本　大島渚
撮影　宮島義勇
美術　戸田重昌
音楽　武満徹
出演　吉行和子、藤竜也ら
前作の姉妹編的な趣きのある一作。昭和の農村を舞台に日本人の性を幻想的に描く。カンヌ映画祭監督賞受賞。

『戦場のメリークリスマス』
公開　1983年
製作　ジェレミー・トーマス
エグゼクティヴ・プロデューサー　原正人、大島瑛子、テリー・グリーンウッド、ジェフリー・ネザーコット
脚本　大島渚、ポール・マイヤースバーグ
撮影　成島東一郎
美術　戸田重昌
音楽　坂本龍一
出演　トム・コンティ、坂本龍一、ビートたけし、デヴィッド・ボウイら
第二次大戦中の日本軍捕虜収容場を舞台に交差する日常と異常に翻弄される男たちを描く。カンヌ映画祭出品作品。

『マックス、モン・アムール』
公開　1987年
製作　セルジュ・シルベルマン
脚本　大島渚、ジャン＝クロード・カリエール
撮影　ラウル・クタール
美術　ピエール・ギュッフロア
音楽　ミッシェル・ポルタル

出演　シャーロット・ランプリング、アンソニー・ヒギンズら
フランスを舞台にチンパンジーと浮気する妻とその夫を描いた異色作。カンヌ映画祭出品作品。

『御法度』
公開　１９９９年

製作　大谷信義
プロデューサー　大島瑛子、中川滋弘、清水一夫
脚本　大島渚
撮影監督　栗田豊通
撮影　柳田裕男
美術監督　西岡善信
音楽　坂本龍一

出演　松田龍平、崔洋一、ビートたけし、武田真治、浅野忠信ら
幕末、新撰組隊内で起こる事件を背景に男たちの愛憎を描く。大島渚最後の監督作品。

デヴィッド・ボウイによる大島監督への弔辞

「オオシマさんの魂が、この世を去った。彼の才能の恩恵を受けた我々は、今それを惜しむばかりだ（All of us who have had the privilege of working with Oshima-san will miss his spirit tremendously.）」

（大島渚監督の死去の報を受けて２０１３年１月18日に公式サイトで発表された声明）

インタビュー　大島新

初めて観た父の映画『戦場のメリークリスマス』を振り返って

『戦場のメリークリスマス』の上映当時、私はＹＭＯ、ビートたけしさんが大好きな中学二年生でした。そのため、まず好きな人が出ている映画ということがうれしかったですし、ようやく父の映画を観ることができるのだというう れしさもありました。

というのも、私が物心ついてから父が撮った映画は『愛のコリーダ』『愛の亡霊』という18禁の作品のみ（笑）。当然鑑賞はできませんでした。

そうしたふたつの喜びとともに観た『戦場のメリークリスマス』の率直な感想は、全体の意味がまずわからないというもの。なんと不思議な映画なんだと思うと同時に、坂本龍一さんとデヴィッド・ボウイのキス・シーンがあるので、これでまた友達になんだかんだ言われるんだろうな、と困った憶えがあります。

なにしろ、『愛のコリーダ』のおかげで、それまでさんざんエロ映画監督の息子みたいなからかわれ方をされていた。またかと（笑）。

父としての大島渚はけっして嫌いではないのですが、映画監督大島渚の息子という自分の境遇についてはずっとイヤでした。

そこでさらに『戦場のメリークリスマス』なので、これはきっと大勢の人が観る映画になるだろうし、またひやかされるんだろうなという困惑です。

公開当時『戦場のメリークリスマス』に対しては全国の少女たちからたくさんのファンレターが父のもとに届いたそうですが、それらはおそらく早熟な高校生や大学生以上の人たちからのものだったと思います。当時、兄が大学生でその世代じゃないでしょうか。兄とは6歳ちがいなのですが、私の周りの中学生からは、『戦場のメリークリスマス』に感動したという声はまったく聞こえてきませんでした。

父ともこの映画について語ることはありませんでした。この映画にかかわらずそういう話をしたことがない。父から父の映画について感想を求められることもなかったし、私自身がすすんで話すこともなかった。『戦場のメリークリスマス』がテレビで放映されたときも一緒に観るなんてこともありませんでした。

そういう家庭だったんです。


そんな『戦場のメリークリスマス』に対する印象が変わってきたのは30代近くになってからでしょうか。ある程度大人になってからです。

だいたい10年に一回ぐらい、観る機会があるかどうかという感じでしたが、やはり年代によって感じ方はちがいました。

私自身がドキュメンタリーで映像の仕事をするようになったというのも大きいと思いますが、父の映画というよりも過去の名作映画のひとつという捉え方をするようになった。大人になってそういう眼で観ると『戦場のメリークリスマス』にある不思議なパワーは、これはいったいなんなのだろうということが気になってきたんです。自分の中でうまく言語化できないパワーがある。

主要キャストであるデヴィッド・ボウイ、坂本龍一さん、ビートたけしさんの三人がまさに絶頂期前夜の勢いがあった頃だし、大島渚自身もそれまでにない規模の作品ということで大きな賭けだったと思うんです。さらに、この本にもある通り、いろいろ奇跡的なことが重なって一本の作品になっている。そういう様々なパワーの結晶が画面に宿っているのかなあと思います。

再びたけしさんが出演して、坂本さんが音楽を手掛けた最後の『御法度』になると、父も病気をした後ですし、雰囲気は『戦場のメリークリスマス』とまったくちがう。『戦場のメリークリスマス』には過剰なほど生命のエネルギーが満ちている。キャストも大島渚もエネルギーに満ちあふれていた時期だからこそ『戦場のメリークリスマス』には独特な輝きが宿っているのだと思います。

大島渚には、まず松竹時代があって、創造社を作ってATGと組んで実験的なことをいろいろやった時代があり、40代になったところで『愛のコリーダ』でまたちがう世界に行った。それまでの時代とくらべて作品数が減ったぶん、一本の映画に時間とお金をかけるようになり、なによりも海外を意識するようになった。その到達点が50歳で撮った『戦場のメリークリスマス』だと思うんです。

当時の批評家で若いときの大島作品を評価していた方は『戦場のメリークリスマス』に違和感を持ったんじゃないかとも思います。それまでの大島渚からは遠い世界に行ってしまったのではないか、メジャーに魂を売ったのかという見方も一部にはされたでしょう。父自身はまったくそういう評価を気にしていませんでしたけれど、それぐらい異次元の作品でした。

おととし、自分も父が『戦場のメリークリスマス』を撮ったときと同じ年齢になったので、まさに父の渾身の作品だったのだなと感慨がまた深くもなりました。

その一方、いまの映画界でこの『戦場のメリークリスマス』のような映画を作ることは可能なのだろうかということも考えました。

このストーリーで企画書を書いて、大手の映画会社に持っていっても、戦争映画なのに戦闘シーンもないし、わかりやすくもないし、企画自体が通らない可能性が大きい。よく実現させたな、と思います。映画監督になったいまの私が観てもよくこんな作品を実現できたと思うばかりです。

それ以前の大島映画も実験的なものが多くて、わけがわからない作品がたくさんあるのですけど(笑)、この『戦場のメリークリスマス』はさらにスケールが大きくなったわけのわからなさがある。それがおもしろい。また、『愛のコリーダ』以降の大島作品には個人の自立とその尊重というテーマもあったかもしれません。『戦場のメリークリスマス』でも、登場人物すべてに魅力的なところとそうじゃないところがあり、その両面を描写しています。わかりあえるところもあれば、わかりあえないところもある。でもそれでもいい。簡単にわかりあえない複雑さというものもここで描きたかったのかなと思います。

完璧な全体像を持って映画作りをする黒澤明監督やスタンリー・キューブリック監督らとはちがい、大島渚はざっくりとした大きな木の幹を描いたら、あとはスタッフやキャストからのその場の勢いで出てきたものを採用する。ドキュメンタリー的と言ってもいいのかもしれない。ところどころは不格好でもいい、でも全体になってみるとその不格好さがパワーに繋がっている。

しかも、それを計算してやっているとも思えない。

自分自身がドキュメンタリー映画の作り手となってみると、あらためてそれが不思議なんですよ。どうしてこうなのだろうと。たとえばこの映画での坂本龍一さんの濃いメイクとか、現実だったらありえないわけで、本来は映画の不自然な要素として瑕疵になるはずなのにそうじゃない。むしろその不自然さが魅力になっています。

そういう意味では、映像作家の自分にとって、父とその作品はまったく参考にならないんですね(笑)。真似しようにも真似ができない。大島渚だからこそできたことで、自分の仕事にその要素を取り入れるという感覚はありません。

だからでしょうか、私は劇映画を鑑賞するのはとても好きですけれど、自分が作ろうとは思わないんです。小さな頃からドキュメンタリーのテレビや映画がとても好きでその道に進みました。

父も秀逸なドキュメンタリー作品を作っていて、そこにはジャーナリストとしての面がよく出ていると思います。言論人と言ってもいいのかな。映画人でしかありえないという映画監督もいっぱいいる中で、大島渚は映画人であると同時にジャーナリストであり言論人でもあると思います。むしろ言論人が映画という表現を使って自分の主張を世に出していたという印象です。

父であることを置いておいても、大島渚はちょっと桁違いの人でそういう意味では自分とはまったくちがう存在だと思います。

そういえば何年か前にWOWOWがいまハリウッドで活躍しているメキシコ人監督たちを追ったドキュメンタリー番組を放映していたのですが、その中でアルフォンソ・キュアロン監督の若い頃の映画仲間が『戦場のメリークリスマス』を一緒に見て、非英語圏の映画でこんなことができるのかとふたりで驚いたというエピソードを語るシーンがあったんです。後に世界的な活躍をする映画人たちにもなんらかの影響を残していたのだなとあらためて思いました。

2021年の4K修復版の全国ロードショーで、初めて『戦場のメリークリスマス』と『愛のコリーダ』に触れたという若い方が大勢いらっしゃった。古い映画なのに、どこか新しいという感想をよく聞いて、それは非常によくわかります。

4Kレストア版は、配給を手掛けてくれたアンプラグド代表の加藤武史さんの発案です。アンプラグドの加藤さんとはもともとは別の仕事で知り合ったのですが、最初は私が大島渚の息子ということは知らなくて、知られたときはそうとう驚いたようです。

そのときに、私がドキュメンタリー制作の傍ら、大島渚プロダクションの代表も務めているということを知り、レストアも持ちかけられたんです。加藤さんはこれまでいろんな映画のレストアも手掛けてこられて、今回『戦場のメリークリスマス』と『愛のコリーダ』をやらせてくれないかと熱意を持って言ってくださった。それほど言ってくれるならと、私もぜひにとお願いし、せっかくなら大規模にロードショーもやろうということになったのが修復版の全国上映の経緯になります。

『戦場のメリークリスマス』はデジタル版があったので、そこから4Kレストア版を製作しています。オリジナルのフィルムからデジタル化したのは公益財団法人川喜多記念映画文化財団がやっている『午前十時の映画祭』の8回目（2017）のときでした。そのデジタル版をもとにしたもので、2013年にヴェネツィア国際映画祭で上映されたイギリス制作のレストア版とはまったくちがう、日本制作のものです。

2023年、大島渚の没後十年を機に大島渚プロダクションの作品のフィルムや各種資料が国立映画アーカイブに収蔵されることが予定されています。記録と保管をやっていただけるということで安心なのですが、そのことでフィルムや資料を外部に出して上映をするということには若干の手間隙もかかる。そこでその前に『戦場のメリークリスマス』と『愛のコリーダ』の大規模な全国での再映ロードショーができたというのは本当によかったと思います。

今回、4K修復版の国内ロードショーが反響を呼んだことで、日本国外での上映の権利を持っているジェレミー・トーマスさんの会社などと、これから海外での上映などいろいろな相談をしていこうというところです。

証言者各プロフィール

小山明子

1935年生まれ。松竹にスカウトされ、1955年「ママ横を向いてて」で女優デビュー。1960年大島渚監督と結婚後、フリーとなり、映画、ドラマ、舞台で活躍。96年に大島監督が脳出血で倒れ、介護の日々が始まる。介護うつからの復活の日々を綴った「パパはマイナス50点」（集英社）は、2008年日本文芸大賞エッセイ賞受賞。その他の著書に自伝的エッセイ「女として、女優として」（清流出版）がある2021年第44回日本アカデミー賞会長功労章を受賞。

原正人

映画プロデューサー。1958年日本ヘラルド映画に入社。同社宣伝部長、常務を歴任し、数々の洋画ヒット作を生む。1981年にはヘラルド・エースを創立、個性的な洋画の配給でミニシアター・ブームを巻き起こす一方、大島渚『戦場のメリークリスマス』、黒澤明『乱』等の製作に携わり海外合作の第一人者となる。1998年、アスミック・エース エンタテインメント（現アスミック・エース）の代表取締役社長に就任。その後同社特別顧問及びHara Office代表を務めた。2021年3月逝去。

秦早穂子

エッセイスト、映画評論家、翻訳家。1950年代終わりからヨーロッパ映画輸入の仕事に従事し、ジャン=リュック・ゴダールのデビュー作『勝手にしやがれ』、ルネ・クレマン『太陽がいっぱい』他の作品を日本に紹介。ジャーナリストとしては、カンヌ映画祭に2003年まで参加した。1979年、フランス政府より芸術文化勲章を受章。主な著書に『映画、輪舞（ロンド）のように』（朝日新聞社）、日本映画ペンクラブ賞受賞の『影の部分＝La Part de l'Ombre』（リトルモア）など。

臼井久仁子

成蹊大学法学部卒。1979年から大島渚のアシスタントとして「戦メリ」の製作に参加。その後ニューヨークへ移住。ジャパンソサエティにて高橋竹山、長唄東音会等の公演をプロデュース。1988年以降、市川鴛鴦のNY公演、坂田藤十郎の米加メキシコ公演のツアーをコーディネート。中村吉右衛門全米13都市公演ではツアーディレクターを務める。近年はロスの映画／音楽コンサルタント会社のオフィスマネージャー。

ジェレミー・トーマス

1949年ロンドン生まれ。1970年代半ばから映画プロデューサーとしての活動を始め、以来、数十本の映画製作を手がける。大島渚作品では「戦場のメリークリスマス」のほか、北野武、坂本龍一が再結集した『御法度』でもプロデューサーを務める。その他、ベルナルド・ベルトルッチ監督の『ラスト・エンペラー』『シェルタリング・スカイ』、三池崇監督の『一命』など、日本の映画ファンに馴染みの多い作品を多数手がけている。2005年、ヨーロッパ映画祭で「世界的貢献賞」を受賞。

伊藤聡

テレビディレクター。『戦場のメリークリスマス』（83年）から大島渚監督に師事。ドキュメンタリー『KYOTO、MY MOTHER'S PLACE』（91年）、『日本映画の百年』（95年）をはじめ、『御法度』（99年）まで助監督を務める。ほかに『稲村ジェーン』の桑田圭祐、『夜を賭けて』の金守珍ら異業種新人監督の助監督も務めた。94年、『忘れられた皇軍』の後日譚を演出したことを契機に、テレビ・ドキュメンタリーを多く手がけている。

坂本龍一

音楽家。1978年アルバム『千のナイフ』でデビュー。1984年、自ら出演し音楽を担当した『戦場のメリークリスマス』で英国アカデミー賞他を、映画『ラストエンペラー』の音楽でアカデミー賞、グラミー賞他受賞。近年は音楽活動のほかYCAM（山口情報芸術センター）10周年展、ホランド・フェスティヴァル2021などでキュレーションを手がけるなど現代美術にも深く関わる。主な著書に自伝『音楽は自由にする』（新潮社）など。

ロジャー・パルバース
作家、劇作家、演出家。1967年に初来日し、70~80年代には、井上ひさし、唐十郎、大島渚など様々な文化人と親交を持つとともに、舞台の脚本執筆や演出、小説・日本文化論の執筆など多岐にわたって活動。著書は『ハーフ』（書肆パンセ）、『ぼくがアメリカ人をやめたワケ』（集英社インターナショナル）他多数。宮沢賢治を敬愛し、作品の英語翻訳にも数多く携わった功績により、第18回宮沢賢治賞（2008年）、第19回野間文芸翻訳賞（2013年）を受賞。近年は映画監督としても活躍し、2017年の『STAR SAND 星砂物語』ではテーマ曲を坂本龍一が手掛けた。

トム・コンティ
1941年スコットランド生まれ。1950年代末より演劇活動を始め、シェークスピア俳優としても知られるように。1979年トニー賞受賞。映画デビューはリドリー・スコット監督の『デュエリスト／決闘者』（1979）。『戦場のメリークリスマス』は初の主演作品となった。同じ1983年公開の映画『Reuben, Reuben』（ロバート・エリス・ミラー監督）では主役を演じ、第53回アカデミー賞主演男優賞にノミネートされた。これ以降、いくつもの映画、舞台に出演するとともにイギリスではテレビの世界にも進出。

ピーター・バラカン（ブロードキャスター）
1951年8月20日ロンドン生まれ。ロンドン大学日本語学科卒業後に来日。1980年末、YMO、坂本龍一のマネージメント事務所のヨロシタミュージックに入社。1986年に独立し、ブロードキャスターとしてさまざまなラジオ、テレビ番組に出演。主な著書に『ロックの英詞を読む—世界を変える歌』（集英社インターナショナル）、『ピーター・バラカンのわが青春のサウンドトラック』（光文社）、『魂（ソウル）のゆくえ』（アルテスパブリッシング）など。

大島新
1969年神奈川県藤沢市生まれ。父は映画監督の大島渚。母は女優の小山明子。兄は経営学者の大島武。1995年早稲田大学第一文学部後、フジテレビ入社。『NONFIX』『ザ・ノンフィクション』

などのディレクターを務める。1999年にフリーランスとなり以降、MBS『情熱大陸』（MBS）や『課外授業ようこそ先輩』（NHK）など数多くの番組を手掛ける。
2000年代にはドキュメンタリー映画製作も開始し、主な監督作品に『シアトリカル 唐十郎と劇団唐組の記録』（2007）、『園子温という生きもの』（2016）、政治家・小川淳也を追ったドキュメンタリー映画『なぜ君は総理大臣になれないのか』（2020）など。プロデュース作品『ぼけますから、よろしくお願いします。』（2018）で第94回キネマ旬報ベスト・テン文化映画ベスト・ワンを受賞。映像製作会社ネツゲン代表。

（順不同）

『戦場のメリークリスマス』制作年表

1978年	
春	ローレンス・ヴァン・デル・ポストの小説『影の獄にて』を読んだ大島渚が映画化を構想する
1979年	
夏	『影の獄にて』の映画化をローレンス・ヴァン・デル・ポストに快諾される
8月27日	脚本第一稿　脱稿。タイトルは『影の獄にて　The Seed and the Sower（仮題）』
1980年	
1月28日	脚本第二稿　脱稿。タイトルは『戦場のメリー・クリスマス（仮題）』
2月6日	報知新聞にロバート・レッドフォード主演の大島渚次回作は戦場ものという記事が掲載される
3月28日	脚本第三稿　脱稿。タイトルは『戦場のメリークリスマス』（以降タイトル変わらず）
5月	大島渚がインドネシアとフィリピンにロケハンのために赴く
5月19日	ジャワの日本軍俘虜病院の看護婦経験者らから聞き取り取材
5月25日	ジャワに赴任していた旧日本軍兵士らから聞き取り取材
6月4日	脚本第四稿　脱稿
6月22日	元ジャワの日本軍俘虜病院の軍医見習い士官から聞き取り取材
7月12日	ジャワに赴任していた旧日本軍軍属、通訳らから聞き取り取材
12月	大島渚、ブロードウェイで舞台『エレファントマン』出演中のデヴィッド・ボウイを訪ね出演依頼
1981年	
1月	大島渚とジェレミー・トーマスがパリで会合する
12月	ジェレミー・トーマスから、オーストラリアもしくはニュージーランドでのロケというアイデアが出る
1982年	
春	戸田重昌と白井・・がラロトンガ島にロケハンのため赴く

5月	ラロトンガ島での撮影が決定する
6月11日	美術の戸田重昌がセット構築のためラロトンガ島に出発
7月3日	脚本第五稿　脱稿。完成稿となる。
7月24日	大島渚が『イメージフォーラム』誌のためのロング・インタビューを受ける
7月30日	内幸町プレスセンターで、大島渚、北野武、坂本龍一が出席しての製作発表が行われる
7月31日	大島渚始めスタッフがラロトンガ島に向けて出国
8月14日	日本人キャスト第一陣が出国
8月15日	デヴィッド・ボウイ、トム・コンティら外国人主要キャストがラロトンガ島入り
8月21日	坂本龍一ら日本人キャストが出国
8月23日	ラロトンガ島ツランギ谷での収容所全景のシーンからクランク・イン
8月25日	日本兵役のため、本物の三八式歩兵銃を使った「軍事教練」が行われる
8月26日	夜からの嵐で、セットの大型テンとが崩壊
8月27日	北野武が出国
8月28日	ホテルにてスタッフ、キャスト用に日本食が原価販売される
8月30日	トカゲが何度もNGを出す
9月1日	キャスト用大島組Tシャツが到着する
9月4日	ホテルにてデヴィッド・ボウイ主催のパーティーが行われる
9月10日	ラロトンガ島で映画ラスト・シーンの撮影
9月11日	前日の北野武の名演に感動したメイクのロビン・ピッカリングが自分の頭も丸坊主にして周囲を驚かせる。ニュージーランドから100人の俘虜役エキストラが到着
9月15日	セリアズとヨノイの抱擁シーンが撮影される
9月18日	ラロトンガ島での撮影が終了
9月20日	日本人スタッフ、キャスト対ニュージーランド人スタッフ、キャストによるサッカー親善試合が行われる。夜、ラロトンガ撮影の打ち上げパーティーが行われ、デヴィッド・ボウイ演出による女性スタッフ出演のミュージカルが上演される
9月24日	主要スタッフのためのラッシュ上映が行われる
9月25日	内田裕也ら日本人キャストがウェリントンに向けて出国
9月26日	オークランドでの撮影がスタート。この夜、ジャック・トンプソンがスタッフ、キャストを彼の主演映画『BAD BLOOD』の特別映写会に招待
9月27日	カワウ島で後に削除されるローレンスの回想シーンの撮影が行われる

9月30日　厳重な警戒の中、実際に使用されているマウント・イーデン刑務所でセリアズの独房シーンのロケ撮影が行われる
10月4日　キングス・カレッジに100人の生徒役エキストラを集めてセリアズの回想シーンを撮影
10月6日　小山明子が陣中見舞いに訪れる
10月7日　セリアズと弟が歩く「村はずれの道」のシーン68を撮影し、クランク・アップ。夜、バリーコート・レストランにてお別れ会が開催される
11月22日　ラッシュ上映が行われる
12月9日　富士映画試写室にて試写が行われる
12月11日　全国の松竹系劇場で予告編の上映がスタートする
12月14日　映画音楽に関する打ち合わせが行われる。字幕のための翻訳台本もこの日完成
12月25日　坂本龍一のセリフのアフレコが行われる。アフレコのスタジオにはクリスマスケーキ
12月30日　翌日にかけて坂本龍一のサントラ音楽がフィルムにダビングされる

1983年

1月10日　0号フィルムが完成
1月11日　東京現像所第二試写室で0号試写が行われる
1月12日　トータル238時間に及ぶポスト・プロダクションが完了する（その後、一部音声のリレコが行われた）
1月14日　松竹本社に試写用2号プリントが届けられる
1月20日　渋谷の東急名画座で海外配給会社向けの試写会が行われる
3月22日　千石の三百人劇場で大島渚と坂本龍一の対談イベントが行われる
5月19日　カンヌ映画祭で受賞を逃す
5月28日　松竹系劇場で日本全国公開

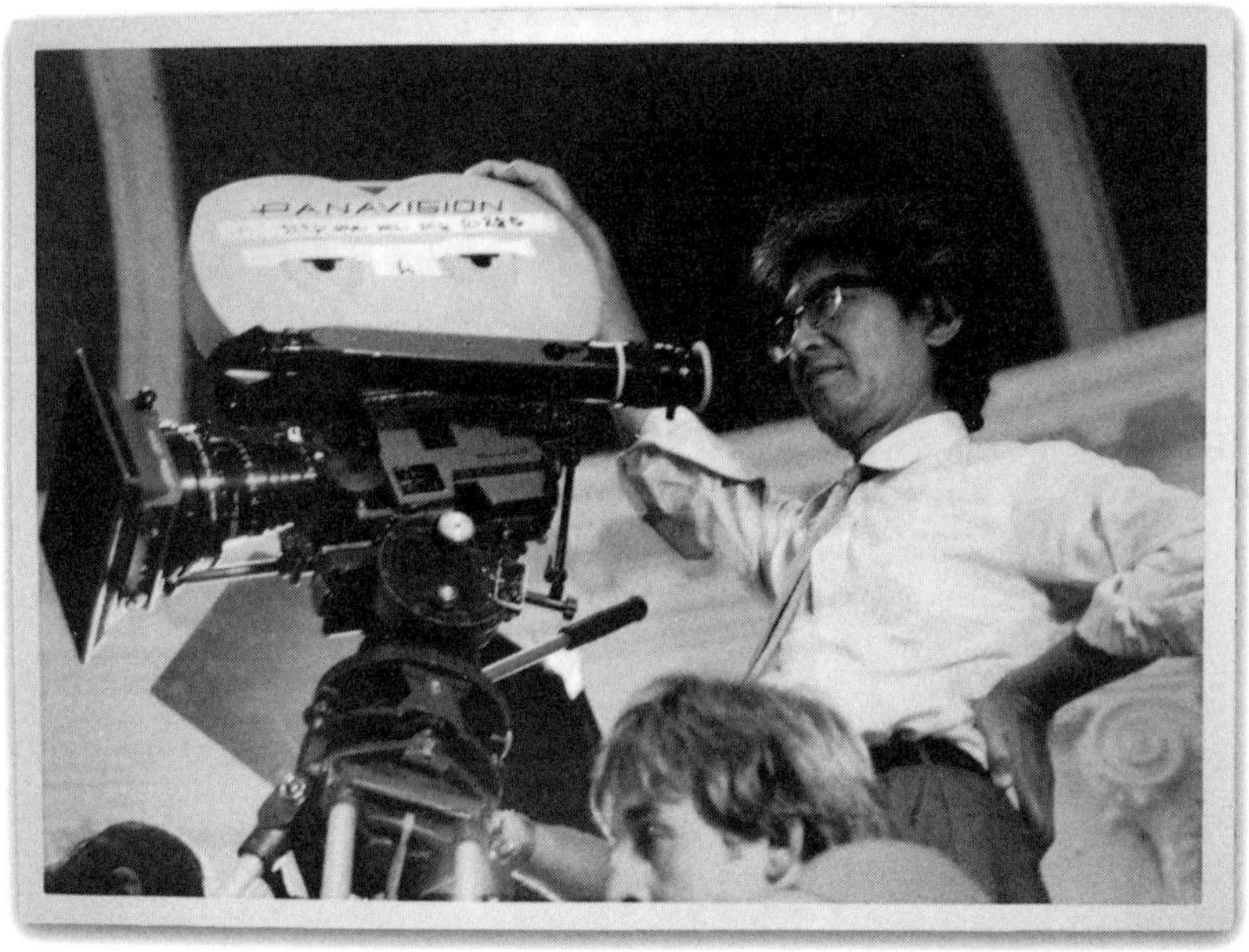
PANAVISION

あとがきにかえて
『戦場のメリークリスマス』に期待するもの

日本は戦争に負けたにもかかわらず、朝鮮やドイツのように東京から南北に分割されることはなかった。それを忘れて欲しくない。そして、今度の映画は日本の若い人たちに、どんな戦争でも戦争は恐ろしく、悪いことであるということを伝える映画にして欲しい。そのような映画を作ることが真の愛国心であるのではなかろうか。

（1980年7月12日　元朝鮮人軍属への聞き取りメモに残されている言葉）

MERRY CHRISTMAS MR. LAWRENCE
DAVID BOWIE
RYUICHI SAKAMOTO
FURYO
"MERRY CHRISTMAS, Mr LAWRENCE"
TOM CONTI • TAKESHI KITANO • JACK THOMPSON
DVD
SPECIAL COLLECTOR'S EDITION
DAVID BOWIE TAKESHI KITANO
MERRY CHRISTMAS
MR LAWRENCE
TOM CONTI RYUICHI SAKAMOTO JACK THOMPSON
DOUBLE PLAY
DAVID BOWIE TAKESHI KITANO
MERRY CHRISTMAS
MR LAWRENCE
TOM CONTI RYUICHI SAKAMOTO JACK THOMPSON
15
DAVID BOWIE TAKESHI KITANO
MERRY CHRISTMAS
MR. LAWRENCE
EIN FILM VON NAGISA OSHIMA
16
Merry Christmas
Mr. Lawrence

WOWOW ノンフィクションW
「戦場のメリークリスマス 30年目の真実」スタッフクレジット

テーマ曲　坂本龍一「Litany」
ナレーション　田中秀幸
大島渚語録　朗読　崔　洋一
撮影　片岡高志
音声　古川裕志
照明　桑原則幸
美術　古賀　飛
EED　家村亜裕美
MA　浜元瑞樹
音響効果　渡辺真衣、鈴木路子
タイトル　ピクス
技術協力　東京サウンドプロダクション

取材協力　新宿ミラノ1・2・3、幸　甫、堀江鈴男、井関　惺、池田忠一、元持昌之、合津直枝

資料提供　大島渚プロダクション、角川日本文化図書資料館、Clips from "Merry Christmas Mr.Lawrence" courtesy of Recorded Picture Company.

スチール　上野　堯
構成協力　遠藤史朗
演出補　高橋　佑
アシスタントプロデューサー　村田早紀
演出　水野　敬
制作統括　戸塚英樹
プロデューサー　須川賢一、山田俊輔、大島　新、小西順子
制作協力　Hara Office、ネツゲン
制作著作　WOWOW

書籍化企画・翻訳　伊藤亮一
デザイン　波奈裕之（有限会社スーパージャム）
表紙デザイン協力　成瀬　慧
協　力　須川賢一、池田修司（株式会社WOWOW）
大島新（株式会社ネツゲン）
山田俊輔、小西順子（Hara Office）
株式会社ダゲレオ出版
松川智一（資料撮影）
有限会社スーパージャム
熊谷朋哉（株式会社SLOGAN）
加藤武史（株式会社アンプラグド）

『戦場のメリークリスマス』知られざる真実
『戦場のメリークリスマス 30年目の真実』完全保存版

第1刷　2021年12月13日

著　者　WOWOW「ノンフィクションW」取材班
吉村栄一
発行者　田中賢一
発　行　株式会社東京ニュース通信社
〒104-8415　東京都中央区銀座7-16-3
電話　03-6367-8023
発　売　株式会社講談社
〒112-8001　東京都文京区音羽2-12-21
電話　03-5395-3606

印刷・製本　株式会社シナノ

ISBN 978-4-06-526572-7